国家出版基金项目
NATIONAL PUBLICATION FOUNDATION

宋元經濟史

王志瑞◎編

山西人民出版社
山西出版傳媒集團

圖書在版編目(CIP)數據

宋元經濟史／王志瑞編．—太原：山西人民出版社，2014.12
（近代名家散佚學術著作叢刊／許嘉璐主編）
ISBN 978-7-203-08780-9

Ⅰ．①宋…　Ⅱ．①王…　Ⅲ．①經濟史－中國－宋元時期　Ⅳ．①F129.4

中國版本圖書館CIP數據核字(2014)第234708號

宋元經濟史

主　　編　許嘉璐
編　　者　王志瑞
責任編輯　秦繼華

出 版 者　山西出版傳媒集團·山西人民出版社
地　　址　太原市建設南路21號
郵　　編　030012
發行營銷　0351－4922220　4955996　4956039
　　　　　0351－4922127(傳真)　4956038(郵購)
E－mail　sxskcb@163.com　發行部
　　　　　sxskcb@126.com　總編室
網　　址　www.sxskcb.com

經 銷 者　山西出版傳媒集團·山西人民出版社
承 印 廠　山西出版傳媒集團·山西人民印刷有限責任公司

開　　本　700mm×970mm　1/16
印　　張　10.5
字　　數　82千字
印　　數　1—3000冊
版　　次　2014年12月　第1版
印　　次　2014年12月　第1次印刷
書　　號　ISBN 978-7-203-08780-9
定　　價　23.00圓

《近代名家散佚學術著作叢刊》編委會

出版説明

近代名家散佚學術著作叢刊選取一九四九年以後未再刊行之近代名家學術著作共一百二十册，編例如次：

一、本叢書遴選之著作在相關學術領域具有一定的代表性，在學術研究方向、方法上獨具特色。

二、爲避免重新排印時出錯，本叢書原本原貌影印出版。影印之底本皆經專家組審定，原書字體大小，排版格式均未做大的改變，原書之序言、附注皆予保留。

三、本叢書分爲八大類，以作者生卒年編次。

四、爲使叢書體例一致，本叢書前言後記均采用繁體字排版。

五、個别頁碼較少的版本，爲方便裝幀和閲讀，進行了合訂。

六、少數學術著作原書内容有個别破損之處，編者以不改變版本内容爲前提，部分進行修補，難以修復之處保留缺損原狀。

七、原版書中個别錯訛之處，皆照原樣影印，未做修改。

八、所選版本之抽印本頁碼標注，起始至所終頁碼均照原樣影印，未重新編排標注新頁碼。

由於叢書規模較大，不足之處，殷切期待方家指正。

總序／

披沙瀝金，以爲鏡鑒

◇許嘉璐

多年來有一個問題始終在我腦中盤桓：爲什麼在十九世紀末到二十世紀初，在短短的幾十年裏，中國的各個學術領域竟涌現了那麽多大師級的人物？這是中國近代史上一個極爲重要的現象，我認爲，如果不能給出令人滿意的答案，我們撰寫的近代學術史將是不完整的，甚至是缺乏靈魂的。後來我知道，著名人類學家克羅伯曾提出過一個問題：爲什麽天才成群地來？看來這種現象的出現並非中國所獨有，思考其所以然的也大有人在。而在那一次世紀之交中國的情况，似乎應驗了「天才成群地來」這個令克氏久久不解的疑問。錢學森先生曾從相反的方向提出了相同的疑問：爲什麽我們這個時代出現不了杰出人才？後來人們稱這個問題爲「錢學森之謎」。

要回答這些疑問不是件容易的事。與其迅速地囫圇地探尋，不如先多了解那些讓中國近代學術（應該包括人文科學和自然科學）史上閃耀着光輝的大師們的作品和自述，從而在腦海里盡量「復原」他們所處的環境和在那種環境下的心理路徑，從中或許可以得到一些啓示。

有一點是顯然的，這就是他們雖然都已遠離塵世而去，但是他們獨立思考的品性、求知治學的真誠、困厄窮愁中對節操的堅守，恐怕是他們共同的主觀因素，一直影響到現在，而且將會永遠留存下去。

就思想界、學術界而言，二十世紀上半葉是一個新説和舊説碰撞，中學和西學融匯的大時代。那時的學人極爲重視言行操守，同時具備現代知識分子的理想信念；他們的學術研究十分純净，絶少功利因素；他們的視界開闊，以包容的心態和嚴謹的風格造就了成果的大氣與厚重。至於在客觀因素一面，他們實際是在用工業化時代的事實解説着太史公所説的名山之作「大抵聖賢發憤之所爲作」，困厄苦難使得他們「皆意有所鬱結」。這種鬱結，幾乎和個人的名利毫無牽涉，他們永遠不能釋懷的，是民族的存亡、國運的興衰、民衆的福禍和文脈的續斷。

那個時代也是近代歷史上最大規模的中西古今學術調適、創新的時期，學術方法上的交互滲透和融合、創新亦可謂「於斯爲盛」。斯時之學人是要在封閉的屋墻上鑿出窗子的勇士，是使人能够看看外部世界的第一批導夫先路者；或者可以説，他們是在「意有所鬱結」時「彷徨」和「吶喊」的「狂人」。

相對於那時的哲人們，後來者是幸運兒。現在的形勢是，近三十年來學界空前繁榮，衆多學科有了長足之進，其中很重要的一點是學界有了更新穎、更廣闊的國際視野，似乎接續上了百年前的學壇盛事。但細想想，「古」與「今」還是有差别的。其异，主要不在於世界情勢、學術進展、工具改善這些客觀存在，而在於在廣泛吸收各國優長的同時，自身文化的主體性越來越受到重視，换言之，「拿來主義」已經延長了「拿來」的程序，加上了試用、甄别、篩選、吸收、融合、成長。就我孤陋所見，在當今地球上，面向所有異質文明，努力汲取我之所缺，其範圍之大和心態之切，似乎無出中國之右者。從這個角度説，我們已經超越了前輩。但是事情還有另外一面，學術，特别是人文學科，其職業化、「沙龍化」和功利性，以及隨之而來的浮躁病却嚴重了。從這個角度説，是不是我們已經後退得够可以的了？而這是不是我們這個時代出不了大師的原因之一呢？

民國學術界的特點之一是極爲注重對傳統的反省、批判與繼承。他們對傳統文化盡最大的努力進行整理和研究。一方面，由於戰亂頻仍，民不聊生，學者們擔起了讓中華文化薪火相傳的歷史責任；另一方面，他們要通過對中國傳統文化的整理，挖掘來重振民族自信心。這一時期對傳統文化進行整理的全面而深入是前所未有的，舉凡文字學、語言學、經濟學、法學、哲學、政治制度、書法繪畫、金石學……規模之宏大，研究之精微，令人嘆爲觀止。

民國學術推動了現代學科體系的建立。在對傳統文化整理和研究的基礎上，吸收西方的文化思想和理念，推動和建立了中國現代學科體系。例如，在對語言文字和音韵學成果進行整理、研究的基礎上開始着手規範之，建立了國語學；深入研究書法、國畫，將其融入了現代美術學科；在廢除舊有學制後逐步建立起小、中、大學較完整的科目和學科體系。

民國學術也改變了傳統學術方式，建立了新的研究範式。以現代科學考古爲發端，科研的實踐和成果使中國知識界真正認識到在實驗、比較基礎上的邏輯分析對學術研究的重要，推進了中國學術的一大演變。至於我們常説的打破士大夫傳統、走出書齋到田野鄉村和市民中進行調查研究、結束了經學時代、以歷史眼光檢視儒學和諸子等等，都是確立新學術範式的努力。這一轉變，也標誌着中國學術界脱胎换骨，全面進入了現代，爲此後的學術發展奠定了堅實的基礎。當然，西方啓蒙運動以來，在「現代性」和「現代化」裏潛伏着的缺陷和謬誤也傳到了中國，這些不能不在前哲的著作裏留下痕迹。這並不奇怪。類似的情況，古往今來孰能免之？猶如今天的我們，誰敢自稱我之所見就是永恒的真理？在這個問題上兩個時代所異者，或許就在昔時大家創立新説或譯註西學著作，往往是懷着對學術和前哲的敬畏而爲之，故而常常誤不在我；當今則往往出於對學問和他人的輕蔑，或以所研究的對象爲謀己的工具，因而難辭主觀之咎吧。翻閲他們的心血之作，這些復雜的狀況可以顯見，可以視之爲我們的一面鏡子。

滄海桑田，世事變幻，歷史的動盪和時代的遮蔽，使當年許多大師的一些極有價值的學術著作被棄於故紙堆中，不能不令人有遺珠之憾。爲此，山西人民出版社不惜以數年之艱辛，披沙瀝金，編輯出版這套近代名家散佚學術著作叢刊，凡一百二十册，計文學、史學、政治與法律、美學與文藝理論、民族風俗、宗教與哲學、經濟、語言文獻共八大類别。所選皆爲作者之純學術著作，無論是其見解、精神，抑或是其時代烙印，都是後輩學人可資借鑒的寶貴財富。他們出版這套叢書，意在讓世人不忘來程，知篳路藍縷之不易，爲民族文化的傳承再增薪木。

出版社的初衷，與我近年來所思所慮近似，故願略述淺見於書端，以與策劃者、編輯者和讀者共勉。

二〇一四年七月六日

改定於自安東回京途中

前言／精神、历史与事实

◇樊綱

中國古代不乏有趣和重要的經濟思想，但是就形成知識體係的理論或「學説」而言，中國現代經濟學的發展是從嚴復一九〇一年引進翻譯出版英國人亞當·斯密的國富論（一七七六）（當時譯爲原富）開始的。就是説，是從學習西方開始的。也屬於一個落後國家學習與追趕發達國家過程的一個組成部分。

從原富出版（以至更早時期天演論的翻譯和出版），到辛亥革命前後至五四運動時期，中國應該説是發生了第一次思想解放的進程，也就是中國的啓蒙運動，學習研究西方發達國家的科學技術、政治社會理論和人文思想，進入了一個新的時期。在大約半個世紀的時間裏，「大師」成批地出現，進入了一個學術研究的繁榮時期。除了大量翻譯西方的著作，中國人自己的經濟學研究力量也逐步形成，並逐步運用現代的理論和方法，來研究中國的社會、中國的經濟，用現代方法進行的實地調查研究，也多有發生。雖然有連續不斷的內戰和抗日戰爭，學術研究却仍在繼續，陸續出版了許多專著和論文。我們這些在「文化大革命」後才進入學術領域的後人經常會好奇：那麽一個戰亂的時代，那些前輩怎麽還在做研究？怎麽還能做研究？每當看到一本那個時代出版的泛黄的「故紙」，一定是仰慕之情油然而生。

也許正是因爲戰亂，因爲當時的落後與貧窮，許多著作出版了，又散落了。有的没有得到應有的傳播，有的研究被打斷，無法産生大的影響。現在山西人民出版社將一些不大爲人所知和没有再印的散佚經濟學著作收集出版，既是拯救，也是發揚。用現在的眼光看，有的著作也許「淺顯」，但這些著作的價值和從中我們可以學到的，其實首先在於以下的一些東西：第一是精神，那種不求世俗功利，出自好奇心在亂世中探索真理的風骨；第二是歷史，我們中國人的思想史，我們現在學的這些東西是如何從外面舶來而在中國的土壤上生根和發展的；第三是事實，是那一輩學者在艱苦的環境下記録下來的當時和以往的事件與史料，這些已經不可復得，但卻是我們在研究近現代中國經濟發展的整個進程時不可或缺的。

一代人有一代人的使命，也有一代人的局限。翻閲古籍，令我們思考我們能爲這個國家、這個民族、這個世界留下哪些遺産，我們的後輩將如何評價我們？

二〇一四年八月二十一日寫於深圳

作者簡介

王志瑞，生平不詳。

宋元經濟史

引言　宋元底年代和地域

宋朝底年代，起於紀元九六〇年，終於一二七六年。元朝底年代，起於一二七七年，終於一三六九年。合計兩朝共四百十年。但本書並不以此年代爲限制。

第一，因爲經濟史根本不是劃淸了年限所能硏究的。最好把人類底經濟生活分成若干階段，於是說明其全體或一部分的進程。這個階段就起於經濟科學家所假定的歷史上的概念，決不是一個朝代或者一個世紀。

第二，或許因爲中國經濟史底硏究尙屬草創，並沒有概念可以依據；而且正需要劃分了時期，做一個歸納的硏究。然而這個時期，也決不能以朝代底起訖爲起訖。因爲，我們所要硏究的是一般社會底經濟現象，並不是一個帝朝底財政賦稅，雖則財政賦稅與社會經濟具有密切的聯繫。

所以本書所敍及的年代，在分工研究的意義之下，假定爲宋元兩朝，但並不以此兩朝底起訖爲範圍。或者合乎一點事實而言，本書可稱爲第十世紀到十四世紀的中國經濟說明。

其次，還有地域上的問題。宋朝底疆域，可說是歷代統一國家裏最小的；恰恰相反，元朝底疆域是最大的。我們底敍述，將以最大的爲範圍呢？還是祇限於最小的？不！都不！我們祇取現在中國的地域，爲地域上的範圍。理由是：歷史底研究，爲了要推敲現在社會底原委。中國史底研究，當然要把現在的中國構成整個的概念，求得整個的系統。宋元經濟史底作用，要和現在中國經濟現象相對比的，所以兩者底地域上的範圍，應取其一致。

爲了這一點，所以宋元經濟史，把遼金也納入其中。

不過，於此有一個聲明。中國經濟情形，大體說來，全國在一個經濟關係之中；可是在一二地方，還存留着特殊情形，如西北邊地，還滯留在游牧狀態中。此處，我們爲了說明底利便，並爲了避免資料底特別貧乏起見，只得祇就主要的經濟關係，加以說明。——其他則另俟詳細的研究了。

目次

宋元經濟史

第一章　元宋以前經濟狀況底追溯

一　由自足經濟轉變到交換經濟

由自足經濟轉變到交換經濟，是經濟史上底一個大關鍵。自足經濟的社會，離世界其他部分而獨立，自行生產一切滿足其欲望所必要的東西，由外界自然支配人類，很少人類支配自然，所以可叫做自然自足社會。自然自足社會底生產關係，有組織性，而生產紐帶極狹小。最原始的生產集團不過二十八，最高的形態裏纔有擴充至數萬數十萬人的。分配形態也具有組織性，沒有貧富的懸隔。封建制度便是這種自然自足社會底最高形態。交換經濟的社會，便完全不同了。一個生產單位，不能獨立存在；即使一地方，一國，如果離世界其他部分而孤立時，便無從滿足其欲望上所必要的東西了。各生產單位裏所有的生產品，主要的便是商品。爲交換而生產，生產是沒有組織性的。分配也沒有組織性，這個我們只消看看現社會的情狀就可以明白了。

在春秋以前，中國地域上普行着封建制度；春秋以後，卽紀元前四世紀左右起，中國的封建制度漸漸崩潰，由春秋十四國轉成戰國七雄，再轉成秦朝統一。這種政治底轉變，就表示着社會經濟底蛻化。關於政治狀態怎樣適應了經濟狀態的問題，我們在這裏限於篇幅，不能多述；此刻祇一述經濟轉變本身底情形。

初期交換社會底主要特徵，就是社會的分工。生產全體，分做許多部門，如農業，工業，牧畜業等；每一部門又有許多彼此獨立的企業，如農業中有種菜種稻等區別，工業中有製鐵造紙等不同。過去自足社會裏也有原始的分工，如有人從事牧畜，有人從事手工業，但這祇是一集團間共同計劃共同組織之下的內部的分工。社會分工底特點，就在沒有組織，沒有生產底整個計劃，彼此企業間都由交換結合起來。

在中國，何時始有社會分工的現象，因爲材料底貧乏，不容易下確定的斷語。如管子小匡篇：

士農工商四者，國之石民也，不可使雜處；雜處則其言哤，其事亂。是故聖王之處士必於閒燕，處農必就田墅，處工必就官府，處商必就市井。

此等語足以表示生產中已分成了若干部門。但這究竟是自足社會底分業呢？還是交換社會底分業？看了那時已有商人存在，而且商人底地位已很重要，可見顯然已入於交換社會了。那末管子底年代在甚麼時候呢？

管仲底年代，在紀元前第七世紀底中葉。管子一書，雖托名為管仲所撰，然人都知其為偽書，大概係東周末年時人所撰。（註一）凡偽書應有所本而云，管仲時代究竟是否如所云云，固不可必；但在作者底年代，即東周末季（紀元前第四世紀第三世紀）那種分業現象，大概已為時人所習見的了。文中所云聖王底處置方法，似係懷古之詞，恐其時離實際的自足社會已遠，故有此模糊的追溯，盛稱往古時是有組織的。

又曲禮上面有關於企業分立的話：

天子之六工曰土工，金工，石工，木工，獸工，草工，典制六材。

周禮考工記上分得更精密了：

凡攻木之工七，攻金之工六，攻皮之工五，設色之工五，刮摩之工五，搏植之工二。

禮記爲儒家學說，周禮則經後人考訂謂出於兩漢之末。所云或爲秦漢以後的情狀或由秦漢以後的人，有所據而縣想春秋戰國時候的社會情形。

大抵春秋以後，中國正漸漸入於交換經濟的狀態中，社會的分工，從那時起漸漸顯明了。經濟底發展狀態我們可以從多方面觀察。上述的社會的分工之外，再看一看交換形態底發展。波格達諾夫說：（註二）

交換在其歷史的發展上通過三個階段，採取三種形態，卽單純（偶然）交換，完全（發達的）交換，及貨幣（十分發達的）交換三者。

第一階段單純交換不過是自足經濟社會中底偶然現象，卽兩個生產集團間，恰好都有剩餘的生產物足供對方底需要，便舉行偶然的交換。第二階段完全交換，已具有固定性質，商品底交換有許多種，市場也有萌芽了，每一個生產集團底代表，把自己集團裏特別豐富的生產物去交換各種自己所缺乏的東西。第三階段在交換物中間發生了媒介手段，因爲那時社會的分工已經開始發展，交換社會的範圍也日益擴大了。

最初出現的貨幣是輸出入最多的物品，如動物底皮革外殼等；再慢慢兒發生金屬貨幣，其中又以銅鐵爲先，金銀次之。金屬貨幣起初沒有一定形狀，一定重量和一定成分的；很久以後纔發生鑄幣。

中國貨幣始於何時？起初的情形怎樣？史記平準書上說：

> 虞夏之幣：金爲三品，或黃或白或赤；或錢，或布，或龜貝。

又漢書食貨志：

> 凡貨，金錢布帛之用。夏殷以前，其詳靡記云。

把兩說相比較，則食貨志可靠一些。因爲夏殷以前一般史事，猶且不能憑信，幣制何由確知？貨幣底發生總在交換有了相當程度以後。食貨志上又云：

> 太公爲周立九府圜法：黃金方寸而重一斤；錢圜函方，輕重以銖；布帛廣二寸爲幅，長四丈

爲匹。

大概在秦漢後人底想像中，周時貨幣頗形複雜，最進步的地方有了定形貨幣。又通考錢幣考云：

周景王二十一年，患錢輕，更鑄大錢，徑一寸二寸，重十二銖。

周景王二十一年在紀元前五二四年，正當春秋時代。從此將三百年，入於秦代。秦漢以後，鑄幣便成爲常事了。

以上述貨幣起源情形。跟着貨幣而起的，便是商人底發生。中國古代日中爲市的傳說，還那是交換初期的情形，未必已發生了商人。而孟子云：

古之爲市也，以其所有，易其所無者，有司治之耳。有賤丈夫焉，必求壟斷而登之，以左右望而罔市利。人皆以爲賤，故從而征之。

此可見交換漸次發展，以及商人發生的情形。春秋以後，有的商人在社會上很有地位了。如左傳昭公十六年，鄭子產對韓宣子云：

昔我先君桓公，與商人皆出自周，庸次比耦，以艾殺此地，斬之蓬蒿藜藋而共處。世有盟誓以相信也，曰爾無我叛，我無強賈，毋或匄奪；爾有利市寶賄，我勿與知。

在此處，我們可以下一個斷語：中國當春秋戰國時期裏，社會經濟正由自足時代轉變到交換時代。

二　自足經濟與交換經濟底混合

我們祇能說，春秋戰國時代起，中國有了這樣的轉變；卻不能說自足經濟從此覆滅，中國社會入於單純的交換社會了。

歐洲中世紀的自足經濟封建社會，因為都市手工業發展所成就的新興勢力，造成了新的商業資本主義社會。可是這樣的發展也需要相當的時期。中國的社會經濟，也具有這樣發展底傾向，可是沒有迅速地完成，使中國停滯於自足經濟與交換經濟並存的社會裏，自紀元前五世紀至紀元六世紀，約一千一百餘年。直到第七世紀（隋及唐初）以後，商業資本有擡頭的趨向。

在世界歷史裏，自足經濟和交換經濟交接狀態中，有兩種不同的社會形態：一是奴隸社會，如上古的東方諸國以及希臘羅馬的古代社會；一是農奴社會，如中世紀的西歐，俄羅斯及日本等。中國社會，正發展了奴隸經濟。奴隸經濟須起於對於落後種族的軍事榨取在歷史底發展過程上盡着很大作用的地域，而中國恰恰適合此種條件。

中國底封建時代是在不絕的戰爭中過去的。春秋諸強國，如晉楚齊秦吳越等國力底發展，就是靠着對異族的征服。被征服的種族或民族，淪爲耕種力役的奴隸，增加了戰勝種族底生產力。當社會漸漸走入交換領域中去時，剩餘的生產物可以交換自己集團所不生產的東西，因之封建領主希望努力提高自己底生產，便盡力於獲取奴隸，於是戰爭更不絕地進展。

因交換底逐漸發達，土地也加入了交換過程，即土地可以買賣，於是封建形式漸漸解體。有土地的便是地主，地主便是奴隸底的所有者，也卽是社會經濟勢力底掌握者。雖是也有手工業者和獨立農民存在着；然而『奴隸所有主支配着市場，演了恰如大資本家企業同樣的任務，在競爭上處於很有利的地位。』(註三)

在奴隸經濟社會裏走進交換領域的，祇是上層階級；下層階級過着極可憐的生活，仍舊帶有自然自足性質的。上層階級所藉以交換的，亦係自己集團中底生產，當時的企業爲主的便是農業。農業爲生產底正常源泉，所以國家底賦稅以田賦爲正宗；官吏底俸祿，以穀物分等級。這種經濟現象，反映到當時人底意識中，使重農思想成爲一般的傾向，自秦國底商鞅起，以至漢代底儒者，都是如此，這不消舉例便可以知道的。

商業資本加入在這樣的經濟關係中，主要的任務，便是放債取高利息，促起土地底兼併。如漢書食貨志云：

而商賈，大者積貯倍息，小者坐列販賣，操其奇贏，日游都市，乘上之急，所賣必倍。故其男不耕耘，女不蠶織，衣必文采，食必粱肉。無農夫之苦，有阡陌之得。因其富厚，交通王侯，……此商人所以兼併農人，農人所以流亡者也。

因此西漢儒者主張抑商，王莽變法以「王田令」救濟兼併之禍，這種傾向直到晉初底「戶調式」，北魏孝文帝底「均田令」，唐代底「租庸調制」，還是相同的。

在自然經濟勢力優越的情形之下，貨幣往往被驅逐掉的，這種傾向，自西漢至於南北朝，不絕地發生。（註四）

在這樣自然經濟和交換經濟合流的社會裏，奴隸因受了最低的待遇，沒有能力增加生產力；地主祇知榨取和享樂無意發展生產力自由農民因受劇烈的剝削，也不能發展生產力；商人資本沒有直接占領勞動過程，也不能增進生產力。所以社會底運命，逐漸接近於頹亡，影響到政治上，則中國底所謂「國威」本來可以遠被四海的到後來卻變成不足禦侮了。所以五胡亂華，中國局面大變更，這和西方古代羅馬帝國底覆亡，很有些相似的。

三　商業資本底發展

中國社會，每經一次戰亂之後，自然百業凋敝，但承平既久，則不難恢復。當奴隸經濟時代裏，一方面固然社會生產力停滯，而一方面社會上交換底需要，因年深月久而更增甚了。走進交換領域的，由上層階級而擴充至農民了。因此，愈到後世，商業愈能迅速地達於繁榮。

隋朝是中國國用最寬裕的時代。通考國用考據隋書食貨志述當時的情形道：

隋文帝開皇時（五八九——六〇〇），百姓承平漸久，雖遭水旱，而戶口歲增，諸州調物，每歲河南自潼關，河北自蒲坂，至於京師，相屬於道，晝夜不絕。

下面通考底著者馬端臨加按語道：

按古今稱國計之富者，莫如隋。然考之史傳，則未見其有以爲富國之術也。蓋周之時，酒有榷，鹽池鹽井有禁，入市有稅；至開皇三年而並能之。夫酒榷，鹽鐵，市征，乃後世以爲關於邦財之大者，而隋一無所取，則所仰賦稅而已。……

底下尙有結論，說隋朝底國計寬裕，由於節儉，這個我們姑且不要管他。我們祇須知道，隋文帝所以並能各稅，是因爲國用已寬裕了；並不是自從能了各稅，國用反見寬裕。而所以致其寬裕者，顯然由於前朝以來，在田賦之外增加了各項征榷的緣故。否則論者怎樣說是關於邦財之大者呢？所謂榷酒，禁鹽，征市，都是交換增盛商業繁榮後纔能顯示作用的；而這些既可以關於邦財之大，則商業底正趨繁榮，可以想見。

商業起源即是商業資本底起源；等到商業資本底力量足以支配社會經濟，就成就了商業資本社會。都市手工業生產底發達，交通運輸事業底發展，在商業資本發展上盡了很大的作用。波格達諾夫說：（註五）

由兩種根本事實，決定從手工業都市社會推移到商業資本主義社會：第一是生產底一般增加，第二是從事商品運輸的生產部門底迅速發展。

關於手工業發達和交通發展的情形，我們且留待後面再說。商業資本發展底形式的表示，自然是交換市場底擴大，其極端就是國外貿易底發展。中國底海外貿易，唐代以後漸漸繁盛。唐時，阿剌伯人執世界通商之牛耳，由海上和中國通商，不遺餘力。當時中國底貿易港有廣州，交州，揚州，泉州，以及潮州，廉州，欽州，福州，明州，温州，松江等處，交貿繁茂，尤以廣州爲首要區域。市舶司底設立，也創自唐朝。（註六）國際貿易出入頗大，入口貨雖多，出口貨自亦不在少數，交換市場由此可見更加發展了。

商業資本怎樣控制社會底實況，我們難能有一個具體的系統的說明，但是也可以窺見一斑。

在唐朝租庸調制裏所包含的土地制度，表示回復到封建經濟底企圖，同時又不得不承認私有財產和交換底存在，（註七）從唐高祖武德七年（六二四）起實行，但不到一百年，至開元時已經其法大壞，兼併底情形，比了西漢時代還要厲害。這可見商業資本所起作用底猛烈。

貨幣流通在隋唐以前時受阻礙，以後卻不然了。隋唐兩朝都努力整理幣制，但私鑄充斥，可見貨幣的需要比往昔爲盛。

商人底地位，自隋唐以後也比以前提高不少。魏晉以降，門閥底制限頗嚴，隋和唐初，仍是如此，門閥高的不願和門閥低的互通婚姻。然而那時財富的誘引，很使人爲金錢而降格通婚，漸至於把富貧的階級代替了貴賤的階級。

總之，自從第七世紀起中國底社會經濟有轉入商業資本時代的傾向。這種現象要繼續發展，而第十世紀至第十四世紀（卽宋元時期，）正當此種發展底猛烈期。我們可以繼續研究此種發展底情狀究竟怎樣。

（註一）姚際恆古今僞書考第三十七頁管子條：「……葉正則曰，管子非一人之筆，亦非一時之書。……大抵參入者皆戰國周末之人如稷下游談輩及韓非李斯輩襲商君之法借管氏以行其說者也。……」

（註二）施譯經濟科學大綱（大江書鋪出版）一〇三頁。

(註三)同上一三一頁。

(註四)參看下面貨幣章；並可檢閱通考錢幣考一。

(註五)施譯經濟科學大綱二〇〇頁。

(註六)本段材料據陳裕菁譯日本桑原隲藏著蒲壽庚考第一章及其注釋按語等。該書係中華書局出版。

(註七)租庸調制中所包含的土地制度，是丁男十八以上給田一頃：以二十畝爲「永業，」餘爲「口分。」田多可以足其人的爲「寬鄉，」少的爲「狹鄉。」狹鄉授田，減寬鄉之半。工商，寬鄉減半，狹鄉不給。鄉有餘田，以給比鄉，州縣同。徙鄉及貧無以葬的人，得賣世業田。從狹鄉徙寬鄉的，得并賣口分田。

第二章　手工業

中國底社會經濟，自第七世紀起，有入於商業資本經濟的傾向。在這種假定之下，我們所應該首先注意的便是手工業。

在中國史籍裏，要找到關於一般社會的材料是很不容易的。手工業底發展，或於可以在歷代『土貢』制度裏窺見一斑。

土貢就是把地方上底產物貢呈於中央的意思。所謂產物，不祗是農耕所出，即使工藝品貨幣材料等，也可以作為土貢之資。如周官：

太宰以九貢致邦國之用：一曰祀貢（犧牲包茅之屬，）二曰嬪貢（嬪故書作賓，賓貢皮帛之屬，）三曰器貢（宗廟之器，）四曰幣貢（縑帛之屬，）五曰材貢（木材）六曰貨貢（珠貝自然之物，）七曰服貢（祭服，）八曰斿貢（羽毛，）九曰物貢（九州之外各以其所貴為贊。）

這種古代的土貢物裏，已包含若干手工業製造品，我們可認爲可能，因爲在封建社會時，手工業本已發生了。不過，我們須得注意一件事，古代的土貢物，帶有奇珍異寶的性質。原來在初入交換狀態的社會裏，走進交換領域的祇是上層階級，所有各生產集團裏底手工業製造品，除了自用之外，很少流傳出去，所以一離鄉土，便成珍品。而且因爲手工業生產並不發達，交換並不與盛，所以土貢之物，可致邦國之用。

唐代以後便不然了。唐朝定『天下諸部每年常貢』的辦法，通考土貢考云：

> 唐制，州府歲市土所出以爲貢。其價視絹之上下，無過五十匹。異物滋味，名馬鷹犬，非有詔不獻。有加配，則以代租賦。

唐代土貢物件，見唐書地理志，通典，通考等處，其大概爲分郡指定貢物，而貢物中間，手工業生產品，頗佔多數，如絲織品，苧布，紙，剪刀等。

按唐代定制及土貢情形而論，則那時的手工業生產已經發展。因爲：第一，每一州郡有每一州郡底產物，而且可以够使政府作一全國的總計劃總支配，必定各州郡底產物，在全國可以佔一席相當的位置，那末藉此可以證明那時的交換紐帶，已經擴張至於全國了。第二，在古代也許能爲全國各區域作一個總的支配；然而不能逐州逐郡定得那樣細密；而且各州郡產物已經成爲恆久的常態，價格都不高貴，不含有「異物滋味」的性質，可見產物已經普遍而豐盛了。第三，州府羅致土貢物用歲市之法，可見一般生產品已經商品化了。

據宋史地理志，關於宋代底土貢狀況大致如下表。

宋代土貢表

路別	屬州數	土貢物件
京畿	1	(A)方紋綾 方紋紗 (B)蘆蓆 (C)麻黃 酸棗仁
京東	19	(A)仙紋綾 大花綾 雙絲綾 綾 絹 綿 紬 綜絲 素絁 (B)石器 墨 金 (C)牛黃 陽起石 防風 仙靈脾 紫石英 蛇床 茯苓 鍾乳石 牡蠣石 長理石 雲母 葶藶子 阿膠

京西	19	(A)絹 綾 葛 紵 紵布 黃麻 紬 絁 綿 (B)漆器 蜜 臘 瓷器 蘆席 (C)白穀 麝香 覆盆子 麩金 枳實 杜仲 白膠 香黃檗 鍾乳石 粱米
河北	38	(A)花紬 綿紬 平紬 大絹 絹 平絹 綿 素絁 花絁 羅 花紗 大花綾 (B)莨莠席 大柳箱 白氈 白磁盞 解玉砂 磁石 簟 (C)紫艸 南粉 知母 胡粉 牛膝 皂角
河東	25	(A)土絁 絹 (B)大銅鑑 墨 蠟燭 蠟 解玉砂 (C)甘草 人參 礬石 蜜 防風 白石英 禹餘糧 麝香 青碌 石膏 柴胡
陝西	34	(A)紬 絁 麻 絹 (B)韉 氈 蠟 席 硯 蠟燭 弓弦 毛段 白花氈 翦刀 火筯 (C)酸棗仁 地骨皮 五味子 龍骨 鱧 括蔞根 柏子仁 麝香 枳實 白蒺利 地黃 甘草 蓽豆 芎窮 榛實
福建	8	(A)紵 蕉布 綿 葛布 (B)蠟燭 茶 龍鳳茶 松子 茴香 鮫魚皮 (B)紅花 → 荊芥 蜜 茯苓 細辛 鹿茸 茯神 蓯蓉 紫茸 菴閭 羚羊角
兩浙	14	(A)綾 越綾 輕庸紗 紗 葛 羅 綿 白紵 (B)藤紙 花席 漆器 金漆 簟 (C)蛇床子 白石臘 乾山芋 烏賊骨 甲香 黃連
淮南	22	(A)白紵布 綯紗 絹 麻 葛布 練布 (B)莞席 銅鏡 獐皮 鹿皮 紙 蠟 簟 (C)鰾膠 石斛 白朮 糟魚 連翹

江南	20	(A)紵布　白紵　紗　葛　絹 (B)筆紙　竹簟　水晶器 (C)紅白薑　麩金　葛粉　茶芽　雲母　石斛
荊湖	23	(A)綾　紵　青紵　紵布　練布　白絹　葛 (B)銀　竹簟　朱砂　水銀 (C)碧澗芽茶　柑橘　五加皮　芒硝　杜若　茶　零陵香　石燕　犀角
成都	16	(A)花羅　春羅　單絲羅　羅　綾　絲布　紵布　綿紬 (B)牋紙 (C)麩金　巴豆　紅椒　麝香　當歸　羌活　苦藥子　續隨子
潼川	16	(A)綾　樗蒲綾　絲布　葛　絹　紬　綿紬 (B)曾青　空青　天門冬　麩金
利州	10	(A)蓮綾　綾　綿紬　紵　絲 (B)臙脂　金剛鐵　蜜蠟 (C)紅花　巴戟　麝香　麩金　羚羊角　天雄
夔州	14	(A)綿紬　紬　紵　絹　白紵　葛布 (B)蜜蠟　朱砂　蠟　金 (A)黃連　木藥子　車前子　牡丹皮
廣南東	15	(A)絹　蕉布　紵布　布 (B)龜殼　水馬　鼉皮　藤簟　藤盤　銀　石硯　藤箱 (C)沉香　胡椒　石髮　糖霜　檀香　肉豆蔻　丁香　零陵香　補骨脂　茴香　沒藥　沒石子

廣南西	28	(B)銀　朱砂　藤器　斑竹　縮砂　→　甲香　石斛　詹糖香 (C)桂心　白石英　豆蔻　高良薑　鮫魚皮　官桂
燕山	10	宋時爲遼地。當唐時貢物有豹尾、白膠、角、弓、甲、矢、枳實、犛牛尾鵰羽等。
備考	(一)屬州數係州府軍監之總稱　(二)土貢物件(A)衣服及其原料　(B)用具及其原料玩好品等 (C)食物及藥品香料等	

這一個表自然不能表示宋代手工業發達底程度，祇能表示宋代各地生產品分佈底情況。但我們可以推斷之點如下：

一、產紛中有一大部分是手工業生產品。其中最普遍的就是衣服工業，其次如席，氈，磁器，漆器，紙，墨，燭……等。

二、手工業底專門化在這裏也可以約略看得出來。如衣服工業中苧與苧布，絲與紬底分列，表示一地方（據地理志原文，在一個州郡內往往有這樣的分列，）有專門從事於製作原料的手工業，也有從事於製作成品的手工業。

三、手工業底技術也相當地發達了。如同一絲織品中，有許多不同的種類，如綾，羅，紬，紗，絁等名目。不但如此，一種名目裏又能分成好幾種細目，如方紋綾，仙紋綾，大花綾，越綾等；又如花羅，春羅，單絲羅等。

如把宋代土貢物件和通典等處所載唐代土貢物件，互相比較，則又可以找到以下諸點。

一、宋代貢紙的地方有淮南路底眞州，江南路底池州，徽州，兩浙路底臨安府，溫州，婺州，衢州，及成都府路底成都府八處；而唐代貢紙的地方祇有東陽郡（卽宋婺州）一處。

二、宋代貢漆器的地方，有兩浙路底湖州，京西路底襄陽府兩處；而唐代該兩處（湖州卽唐吳興郡，襄陽府卽唐襄陽郡）都不貢漆器。

三、宋代貢瓷器的地方有河北路底邢州，西京路底河南府，和陝西路底耀州，而唐時惟河南府也貢瓷器，其他鉅鹿郡（卽邢州）和京兆府（卽耀州底本土）都不貢瓷器，這都是宋代手工業比較進步底證據。尤以造紙事業爲重要的進步，同時宋朝印刷術也很發達，（註一）對於勞動生產力底發展很有關係。因爲這兩種產業是普及一切知識的偉大工具。（註二）

此外我們再可以從互市舶法裏看看那時國際市場裏需要中國底貨物是些甚麽東西。宋史一八六食貨志下八互市舶條：

（宋太祖開寶）四年（九七一）置市舶司於廣州，後又於明州置司。凡大食古邏闍婆占城勃泥麻逸三縎齊諸蕃並通貨易。以金銀緍錢，鉛錫雜色帛瓷器市香藥犀象珊瑚，琥珀珠琲，鑌鐵鼊皮瑇瑁瑪瑙車渠水精，蕃布烏樠蘇木等物。

契丹——（宋太宗）太平興國二年（九七七）始令鎭易雄霸滄州，各置榷務，輦香藥犀象（此卽從海船所輸入之物）及茶與交易……端拱三年（九八九）……凡官鬻物如舊，而增繒帛漆器秔稻……

西夏——自（宋眞宗）景德四年（一〇〇七）於保安軍置榷場，以繒帛羅綺易駝馬，牛羊，玉，氈毯，甘草；以香藥，瓷器，薑，桂，等物易蜜蠟，麝臍，毛褐，羱羚角，硇砂，柴胡，蓯蓉，紅花，翎毛。無論東南海道通商或東北西北等處陸地通商，中國的生產品中最受人歡迎的，就是絹帛等絲織品，和瓷器漆器等物了。這可見中國手工業生產品所佔有國際市場底位置。

中國底絹帛，向來具有貨幣作用的；但必須產量上有相當程度，纔能適合此條件。唐宋時代，中外通商漸繁，而中國卻禁止金屬貨幣出口，那末替代金屬貨幣的是甚麼呢？宋史一八五食貨志下七香條云：

（南宋寧宗）嘉定十二年（一二一九），臣僚言以金銀博買（乳香）洩之遠夷為可惜；乃命有司止以絹帛錦綺瓷漆之屬博易。

此時把瓷漆和絹帛並列代替金屬貨幣，大約在當時產量上已很有可觀的了。

以上說的是手工業生產底發展。但手工業生產形式究竟有了怎樣的發展，我們很難有具體的說明。大概看來，唐初手工業程度還很低，那時以農業為手工業底副業的形式，在全國中很為普遍。我們只要看前章所舉唐朝土地制度，就可以知道了。唐初底土地制度，是每丁授田的，但受田的不限於純粹的農人，卽使手工業者，也得受田，所謂『工商寬鄉減半，狹鄉不給。』這種制度，斷不能憑空創設，必定那時實際情形，需要如此。這種農村家庭工業，是手工業中底小企業，等到商業資本一發展，此小企業便瀕於危殆，

商業資本家壓迫小企業，同業須轉變其生產形態。爲了生產費底減少，指揮底集中，須採用工廠手工業的制度。在錢幣鑄造的情形裏，我們可以看出一點宋朝時代工廠手工業的痕迹。宋史一八〇食貨志下二錢幣條云：

徽宗崇寧二年（一一〇三）……蔡京奏……今陝西河中府等處民間私鑄最多。召募私鑄人令赴官充鑄錢工匠。廣爲營屋，許其一家之人，在營居止，不必限其出入。官給以物料盡其一家人力鼓鑄，計其工値，率十分中支若干分數充其工價。

這種大規模工廠手工業底企圖，也斷不能憑空發生，其背景應是當時工廠手工業已經有了相當的發展了。

最後我們還可以引用一些馬哥孛羅（Marco Polo）對於中國底觀察，給束此章。十三世

紀後半紀，正當宋元兩朝交替，那時中西交通頻繁。歐洲威尼斯人馬哥孛羅隨其父叔（註三）游歷中國，居中國約十六年，自陸道來，由海道於一二九五年返抵威尼斯。那時的意大利，手工業商業正執歐洲牛耳。但馬哥孛羅底游記（註四）裏，卻稱那時中國手工業發達底程度，比當時歐洲著名手工業都市，如威尼斯，米蘭，以及其他意大利各中心地底手工業，正要高出許多。（註五）

把十三世紀的中國手工業，和當時在工業革命開始之前的歐洲手工業實地比較之後，而得到這樣的結論；那末無怪中國底手工業製造品在十世紀已成爲國際市場底需要品了。

（註一）中國雕板印刷起於隋代。據明陳氏河汾燕閒錄，謂隋文帝開皇十三年（五九三）勅廢像遺經悉令雕造。活字板則始於宋仁宗慶曆中，（一〇四五左右）布衣畢昇所發明。

（註二）說見施譯經濟科學大綱二二七頁。

（註三）馬哥孛羅父名尼哥羅孛羅(Nicolo Polo) 叔名馬飛孛羅（Maffeo Polo）均威尼斯鉅商而居君士坦丁堡者。——見韋爾斯世界史綱中譯本（商務印書館出版）六〇九頁。

（註四）此遊記極爲歐人所重視，幾成爲十四十五世紀間人人必讀之書。英國史家韋爾斯(H. G. Wells) 稱其記載大概可信。且謂此遊記使歐洲人擴大想像的領域，成爲新大陸發現底直接動力。——見註三所引書六〇九頁。

（註五）見俄國拉狄克（Ladek）中國革命史中譯本（新宇宙書店出版）二十一頁。

第三章　礦產

手工業底原料，與礦產的關係很大。中國底採礦事業，在歷史上叫做阬冶。齊管仲言鹽鐵之利，漢桑弘羊建議榷鹽鐵，是關於阬冶紀載底起始。但此等記載祇述及征榷礦物底起始，並非社會上發現或使用礦物底起始。社會底發現或使用礦物，必在國家開始征榷之前，而且必須社會上對於礦物的使用已有了相當的程度，纔能引起國家底注意。試觀管子海王篇：

一女必有一鍼一刀，若其事立；耕者必有一耒一耜一銚，若其事立；行服連軺輂者，必有一斤一鋸一錐一鑿，若其事立。不爾而成事者，天下無有。

據此則明明管子作者的時代，社會上鐵的使用已很普遍，纔造成了征榷鹽鐵的政治方案。否則征榷之後也無所取利了。

所以歷代實際的採礦事業發達底程度，應該比了從征榷阬冶所看出的還要高一些，或者至少互相適合。雖則有時限於國家征榷底定率，即使沒有出產，也要照例納課，以致國家册籍上徒然存留一筆掛名的空阬冶，如宋史一八五食貨志下七阬冶條云：

大率山澤之利有限。或暴發輒竭，或採取歲久，所得不償其費，而歲課不足，有司必責主者取盈。

在這樣情形之下，實際上礦冶事業底程度，要低於册籍上所表示的情形。但也有許多相反的例子，就是事實上有了生產而漏去課稅的，如宋史同卷條又云：

〔宋太宗〕至道二年（九九六）有司言：『定州諸山多銀礦，而鳳州山銅礦復出，採鍊大獲，而皆良焉。請置官署掌其事。』

神宗熙寧七年（一〇七四），廣西經略司言：『邕州塡乃峒產金，請置金場。』

〔徽宗〕政和元年（一一一一）張商英言：『湖北產金，非止辰沅靖溪洞，其峽州，夷陵，宜都縣，荆南府，枝江江陵縣赤湖城至鼎州，皆商人淘採之地。』

就常理推想，此種情形一定很多。這便足以表示實際礦冶事業底發達，過於册籍中所記載的了。

據歷代征榷鑛冶的情形看來，兩漢還不甚顯著，直到唐朝以後纔漸形發展。至於宋元兩朝，則進步很多。這大概和一般社會生產力底進步很有關連的罷。

依唐書及宋史食貨志，則唐宋兩朝阬冶種類阬冶總數底比較，有如下表：

唐宋阬冶數表（註一）

時期	阬冶總數	金	銀	銅	鐵	鉛	錫	水銀	朱砂	備考
唐（第九世紀以前）	186(?)		58	96	5	4	2			另有礬礦七處、因宋代不列入亦除去。
唐憲宗元和八〇六—八二〇			58−40							餘仍前
唐宣宗八四七—八五九			18+2	96−27	5+71	4−1				餘仍前
宋初（第十世紀中葉）	201(?)	5	57	36	61	36	9	4	3	
宋英宗治平一〇六四—一〇六七	271	11	84	46	77	30	16	4	3	

宋神宗元豐七年（一〇八四）	136		熙寧元年（一〇六八）詔天下寶貨阬冶不發而負歲課者免之

據此表則就一般而論，宋代比唐代要進步得多。金冶唐代未能明列，宋代則由五處進步到十一處。銀礦，唐末宋初均形減少，但到後來卻增加了許多。銅礦趨向減少，這大約因爲銅底用途，以鑄幣爲最廣，易使礦源竭絕。然而這樣的減少，其意義適足以表示社會上需要底旺盛。鐵鑛由唐至宋增加得很多，這對於宋朝鼓鑄鐵錢也很有關係的。鉛錫也增加很多。朱砂水銀，唐代沒有，宋代纔增加進去。由總數上觀察，則趨勢是傾向於增加的。唯元豐七年（一〇八四），比了治平年間，不二十年間竟減少至半數。這時又並沒有經過何等戰亂，其原因大約由於課額底核實（見表備註欄）。然而這種場合的減少，並不足以表示出產的減損。

我們試再看歲課比較表便能知道。

唐宋阬冶歲課表

時期	金	銀	銅	鐵	鉛	錫	水銀	朱砂		
唐憲宗元和（八〇六—八二〇）		兩 10200	斤 266000	斤 2070000	無定	斤 50000				
唐宣宗（八四七—八五九）		兩 25000	斤 655000	斤 532000	斤 114000	斤 17000				
宋太宗至道末（九九七）		兩 145000	斤 4122000	斤 5748000	斤 793000	斤 269000				
宋真宗天禧五年（一〇二一）	兩 14000	兩 883000	斤 2675000	斤 6293000	斤 447000	斤 291000	斤 2000	斤 5000		金銀除坑冶丁稅和市外、課利折納皆在焉。
宋仁宗皇祐（一〇四九—一〇五六）	兩 15095	兩 219829	斤 5308834	斤 7241000	斤 98151	斤 330695	斤 2200			

宋英宗治平(一〇六四—一〇六七)	宋神宗元豐元年(一〇七八)
兩 15095 −9656	兩 10710
兩 219859 +95384	兩 215385
斤 5100834 +1870000	斤 14605969
斤 7241000 +1000000	斤 5501097
斤 98151 +2000000	斤 9197335
斤 330695 +1000000	斤 2321898
斤 2200	斤 3356
斤 2800	斤 3647

這是歲課比較表，非產量比較表。實際的產量應高出於此表所列數目，而此表祇能推知關於礦產數量底增加或減少的進退情形。依一般趨勢看來，宋代比唐代底產額是增加的，這是和前表阬冶場所底增加是相適合的。唐代沒有歲課而宋代新增的便是金，水銀，朱砂三項，其他則宋初增於唐代，宋初以後，又都傾向於增加。其中惟金、鐵兩礦稍見低落，大抵因採竭而減課的居多，實際因一般需要旺盛，舊阬告竭，而陸續有新阬發見，這很可以表示社會上已少不了此種礦產品。關於新阬陸續發現的情形，我們再可以看產地底如何增加，且待後面再說。

歲課與實際採額，究竟成何比例？史籍上並無明言。據通考征榷考阬冶條：

〔宋徽宗〕政和六年（一一一六）詔承買歲計課息錢十分蠲一，以頻年無買者，欲優假之故也。（註二）

〔南宋高宗紹興〕七年，工部言，知台州黃巖縣劉覺民乞依熙寧法以金銀阬冶召百姓採取，自備物料烹煉，十分爲率，官收二分，其八分許阬戶自便貨賣。

大抵歲課額與生產額底比以十分之二爲標準，若祇取十分之一，已是政府底優假了。

礦物底用途，見於食貨志阬冶條者有以下兩條：

〔宋太祖〕開寶三年（九七〇）詔曰……民鑄銅爲佛像浮圖及人物之無用者禁之。然是時海內承平已久，民間習俗日漸侈靡，糜金以飾服器者，不可勝數，重禁莫止焉。

〔仁宗〕景祐慶曆（第十一世紀中葉）中，屢下詔申敕之。

至於金銀具貨幣作用，銅鐵供鑄幣之需，又供給日用器具底製造（鐵器最普通的就是農具），都是極普遍的用途，不消徵引的。今另錄宋史一八〇食貨志下二錢幣條所言民間銷銅錢底盛況以見銅之用途廣汎。

京城之銷金，衢信之鍮器，醴泉之樂具，皆出於錢。臨川隆興桂林之銅工，尤多於諸郡。姑以長沙一郡言之，烏山銅爐之所六十有四；麻潭鵝羊山銅戶數百餘家。錢之不壞於器物者無幾。

此外銅鐵出界宋代懸爲厲禁但恐私出者還是很多。較特殊者，鐵底用途中有膽水浸銅法，通考征榷考阬冶條有云：

又信之鉛山與處之銅廊皆是膽水，春夏如湯，以鐵投之，銅色立變（下注云。）浸銅以生鐵煉成薄片，置膽水槽中浸漬數日，上生赤煤，取刮入爐，三煉成銅。大率用鐵二斤四兩得銅一斤。

宋時北方遼金阬冶狀況，並不詳備，據兩朝正史食貨志，則都有金銀銅鐵出產，其中以鐵鑛銀礦兩種出產最多。遼金兩朝取於宋的歲幣銀甚多，大抵銀的用途也很廣。至於其本國產量不可考，金史食貨志但云：

〔金〕世宗大定三年（一一六三）制，金銀阬冶許民間採，百分中取一爲稅。

但是也並沒有列明歲課額若干。

元代阬冶數不可詳考；歲課額因有一部分抄鈔幣，也不能與前代互相比較。玆列元代阬冶歲課表如下：

元歲課表（天曆元年——一三二八——數）

物名	腹裏省	江浙省	江西省	湖廣省	雲南省	河南省	陝西省
金	四〇錠四七兩三錢	一八〇錠一五兩一錢	二錠四〇兩五錢	八〇錠二〇兩一錢	一八四錠一兩九錢	三八兩六錢	
銀	一錠二十五兩	一二五錠三九兩二錢	四六二錠三兩五錢	二三六錠九兩	七三五錠三四兩三錢	—	
銅	—	—	—	—	二三八〇斤	—	—
鐵	—	二四五八六七斤 一七〇三錠一四兩	二一七四五〇斤 一七六錠二四兩	二八二五九五斤	一二四七〇一斤	三九三〇斤	一〇〇〇〇斤
鉛	—	鉛粉八八七錠九兩五錢 鉛丹九錠四二兩二錢	一七錠七兩	一七九八斤	—	—	—
錫	—	黑錫二四錠一〇兩二錢	—	—	—	—	—

此外宋元兩朝阬冶所在地方，我們依着今省區爲範圍，把當時的州郡或路府爲單位，列舉數字，可以從裏面窺見那時各種礦產地理分佈的情形，和礦產增廢底大概。

宋史食貨志阬冶條，列舉阬冶州郡名稱者兩次，一爲宋初產時，又一爲英宗治平時產地，現在爲簡單起見，合在一起。

又遼金兩史食貨志關於阬冶地點，亦約略舉出數處，但因數目很小，對於宋元間底比較，沒有甚麽關係，此刻也不列入了。

宋元礦產地點分佈表

	今省別	江蘇	浙江	安徽	江西	福建
宋	金			1	3	1
	銀		3		4	7
	銅		1		4	6
	鐵	1			4	5
	鉛		1		2	5
	錫				3	
	水銀					
	朱砂					
元	金			2	4	
	銀		1		2	
	銅					
	鐵		4	2	7	5
	鉛		2			2
	錫		2			1
	水銀					
	朱砂					

廣東	1	6	2	4	4	1				1		1	1	1		
廣西						1		1								
湖南		4		2	1	2			8			10	1	1	2	2
湖北				4					2	1						
四川		1	1	3					6			2				
雲南									11	5	2	6				
貴州															1	1
河南				2		1				4						
山東	2	2		3					1	3	1	1				
山西				1						2		1				
河北				3					2	3		3			1	1
陝西	1	7		8		2	4	1				1				
熱河									1	1	1					
吉林									1							

由大體看來，元代礦地較宋代發展了許多，發展底方向在今河北四川雲南等地，其中以金銀鐵三種礦產爲最有發展。由反面言之，元代底銅礦大大地減少，所以元代不能鑄幣，專門行用紙幣了。

（註一）阬冶數目內，本來包有監冶場務等各種不同的名目；但此處作用，祇在礦產場所一般的數目，故不必分列了。

（註二）據此條則似乎那時社會上對於礦產物的需要，忽然減少，其原因大概爲了北宋財政紊亂，征斂苛暴，以致影響到社會生產力。但這恐怕不過是一時的現象。

第四章　交通運輸

交通運輸事業和商業發展底關係，在第一章裏已經說過了。我與且從各方面來考查一下中國第十世紀到十四世紀間——卽宋元時期——底交通，有甚麽值得注意的發展。

這時期中國交通發展底第一個特點，就是內河漕運底發達。漕運底發達，可以說就是內河水道交通底發展。在近代運輸工業未曾興起以前，河內水道交通足以任重致遠，勝過陸路運輸，其發展就足以表示交通運輸底最重要的進步。當國家注意漕運底起始，無非爲了那時社會上水道運輸事業本已具有相當的作用，因此便用人工的力量，使京師和各地間底水道交通，相當地完成，讓各地底米穀可以藉水道交通運往京師，省卻陸運底煩擾。漕運事業發達了，回過來又幫助了一般的內河交通底發展。我們只消看津浦鐵道開通以前，那條溝通南北的大運河，對於商業和旅行上所盡的作用，就知道相互的關係了。

漕運事業底發展，可以從第七世紀說起。第七世紀以前，中國南北間沒有水道可以交通。隋朝底都城在洛陽，而生產發達的區域在江淮下流，於是便開通大運河，（註一）使黃河淮水揚子江間底水道交通，得以聯絡。唐朝底京師在長安，而財賦之利，還是萃於東南。起初漕運的路由，是把江淮米粟循隋時運道，舟運到洛陽（東都）再換陸路用車運或馱運到陝州，復經黃河渭水，水運入長安。從洛陽到陝州之間的黃河，有三門底柱之險，所以特陸運繞道，藉以避險。但漕運底煩擾，就起於這一段的繞道。唐玄宗開元二十一年（七三三）裴耀卿倡議鑿通三門山道十八里，在山道東西兩端各設轉運倉，漕米由水運到東端，換陸運十八里到西端，再改水運。於是水險既已避去，陸程亦減省了不少。從此河東諸地（今山西境內）底產物要運往陝西時，也由此道轉輸，取其便捷。那時運輸技術上最成問題更便是江汴河渭諸水，行船或險或易，東南的舟子和船隻，都不能勝任黃河底風濤；因此裴耀卿又倡議換船轉輸的方法，使『江南之舟不入黃河，黃河之舟，不入洛口。』肅宗年間（七五六——七六二）劉晏又『調巴蜀襄漢麻枲竹篠為綯輓舟，以朽索腐材代薪，物無棄者，未十年人人習河險。』（註二）於是黃河底航行化險為夷，連以前十八里的陸運也可以省卻。這不可謂非黃河水運底大進步。

五代時後周都城在今開封，世宗顯德四年（九五七）又疏通今山東與河南間底水運，使「齊魯之舟楫皆至京師。」

宋朝底都城也在今開封，漕運事業便大規模地發展，把開封做中心地，而分東西南北四運道。宋史一七五食貨志上三漕運條：

宋都大梁，有四河以通漕運曰汴河（亦稱東河，別稱裏河，路線大約由開封經今河南商邱，東南流，經今安徽泗縣，入淮水。）曰黃河（又稱西河，實卽黃河底一部分，自開封北部起向西逆至三門山接渭水，卽唐代河南陝西間故運道。）曰惠民河（又稱南河或外河，自開封南通潁州壽州。）曰廣濟河（又稱北河，卽五代後周所疏之運河，通今山東荷澤。）而汴河所漕爲多。

這四河所經輸的米粟，出自何方？數量如何？在宋朝都有規定。大概情形如下：

東河——歲運江淮米三百萬石，菽一百萬石。

江南路（今安徽南部及江西省，又江蘇一小部分，）
淮南路（今江蘇北部及安徽北部。）
兩浙路（今江蘇南部及浙江省。）（註三）
荆湖路（今湖北及湖南省。）
西河——歲運粟五十萬石，菽三十萬石。
陝西路（今陝西省。）
南河——歲運粟四十萬石，菽二十萬石。
陳潁許蔡光壽等六州（今河南南境及安徽北境）
北河——歲運粟十二萬石。
京東十七州（今河南東境，江蘇西北一部分，及山東省。）
此外更遠一些的地方，和中央（開封）間底交通見於食貨志漕運條如下：
河北——衞州東北有御河達乾寧軍（今河北省靑縣。）

廣南（卽今兩廣）——金銀香藥犀百貨陸運至虔州（今江西贛州）而後水運。

川益諸州金帛及租市之布自劍門列傳（卽陸運），置分輦負擔至嘉州水運達荊南，自荊南遣綱吏運送京師。

尙有河東路（今山西）與開封間底交通，未見明言，但就唐代河東米粟亦由河渭轉輸長安的事實觀察，則宋時河東漕粟應由西河轉輸了。

在漕運程途裏，有幾處地方居於樞紐地位的，對於當時國內交通上，當然是要地了。此種地名，見於宋史一七五食貨志上三漕運條者爲：

揚州（今江蘇江都）　眞州（今江蘇儀徵）

楚州（今江蘇淮安）　泗州（在今安徽境內，故城於十七八世紀間淪入洪澤湖）——

此四處置倉，受淮南，江南，兩浙，荊湖所運粟，分調舟船，泝流而入汴。

虔州（見上）——受嶺表百貨，轉水運。

江陵——受川益諸州貨物，陸運赴汴。

此外見於通考國用考漕運條注文，有諸州歲造運船地方和造船數，今並錄於下：

虔州——六〇五艘　吉州（今江西吉安）——五二五艘
明州（今浙江寧波）——一七七艘　婺州（今浙江金華）——一〇三艘
溫州（今浙江永嘉）——一二五艘　台州（今浙江臨海）——一二六艘
楚州——八七艘　潭州（今湖南長沙）——二八〇艘
鼎州（今湖南常德）——二四一艘　鳳翔斜谷（在今陝西）——六〇〇艘
嘉州（今四川樂山）——四五艘

這等地方，大約均居衝要，所以米穀轉輸，集中於是。

一般地說來，北宋底漕運制度，足以表示全國交通底整個的發展。除西南雲貴等處，及北方邊遠地方外，水道運輸的網範圍所及很廣。就各部分而論。則淮南江北（即楚州到冀州之間）是南北交通底總道，可謂開封以外的第二中心地。

南宋行在，初設江寧（今南京）漕運以平江府（今江蘇蘇州）爲中心地，凡兩浙，兩廣，荊湖，福建各地百物部輻輳此地。後來行在遷徙臨安（今浙江杭州），漕運中心地也移在杭州。對於國內水道交通底整理有孝宗淳熙八年（一一八一）和寧宗嘉泰二年（一二〇二）的疏濬浙西運河，即自臨安北至今江蘇鎮江。（註四）

遼朝對於內河漕運沒有甚麼貢獻。金朝憲宗貞祐四年（一二一六），開沁水以便漕運；元先二年（一二二二）造舟運陝西糧由大慶關渡抵湖城。

元代建都北平，漕運問題便在南北間河道底溝通。世祖至元二十六年（一二八九），因壽張縣尹韓仲暉等建議，開會通河，即今山東境內的運河，從安山起北至臨清之御河，長二五〇里，建閘三十有一，度高低，分遠近，以節蓄洩。（註五）至元二十八年（一二九一）又因郭守敬建議，開通惠河，從今北平西通通縣，長一六四里，建閘二十座。這樣就完成了從北平到杭州的大運河。

然而元代卻並不怎樣利用這條大運河，因為通惠會通兩河水閘易壞，修理頗費周折。大宗的南北運輸，在當時另取海道。續通考國用考漕運門云：

邱濬曰，當時河道初開，岸狹水淺，不能負重，每歲之運，不過數十萬石（漕米），非若海運之多，故終元之世，海運不絕。

宋元間中國交通發展底第二個特點，就是南北海道底通運。海航是一件比較困難的事情，在茫茫烟水裏找到一條平安近捷的路線，是很不容易的；假使以前沒有相當程度的商旅通航，公家運糧，斷乎不肯冒險的。

魏晉以前，中國已有海道交通，但不很盛行。海道運糧，則始於唐懿宗咸通元年（八六〇），那時交阯不靖，唐軍屯駐廣州，缺乏糧食，潤州（今江蘇鎮江）人陳磻石倡議，從揚子江用海船運糧食，經由福州洋面，運往廣州，供給軍食。遼聖宗太平時（一〇二一——一〇三〇）燕地大飢，戶部副使王嘉請造船募習海漕者，移遼東粟至燕，但因水路艱險，船多覆沒，以致民怨沸騰，王嘉也在暴動中被殺。大抵那時海運可通，而技術方面尚有問題。

元朝海運底起源，據元史九十三食貨志海通條云：

初，伯顏平江南時，嘗命張瑄朱淸等，以宋庫藏圖籍，自崇明州從海道載入京師（北平）……〔世祖〕至元十九年（一二八二），伯顏追憶海道載宋圖籍之事，以為海運可行，於是請於朝廷，命上海總管羅璧淸朱張瑄等造平底海船六十艘運糧四萬六千餘石從海道至京師。然艱行海洋，沿山求嶼，風信失時，明年始至京師。

大抵當時因爲技術不佳的緣故，河運（那時大運河尚有完成。全路程中有一部分陸運）海運，雙方並施。隔了四五年，便專從海運；雖則會通河開成，猶以海運爲正宗。

海運底路徑，因艱行的緣故，屢有變更。見於元史食貨志海運條者有云：

至元十九年（一二八二）起，自平江劉家港（今蘇江太倉瀏河口）入海，經揚州路通州，海門縣，黃連沙頭，萬里長灘，開洋，沿山嶼而行，抵淮安路鹽城縣，西海州海寧府東海縣，密州膠州界，放靈山，投東北。——路多淺沙，行月餘始抵成山，水程凡一三三五里。（註六）

至元三十年（一二九三）以後，從劉家港入海至崇明州三沙，放洋向東行，入黑水大洋，取成山，轉西至劉家島，又至登州沙門島，於萊州大洋入界河。——當舟行風信有時，自浙西至京師，不過旬日。

這是常途。此外到元季方國珍等據浙西後，海運改道；

（惠宗）至正十九年（一三五九）……伯顏帖木兒……徵海運於江浙，由海道至慶元（今浙江寧波）抵杭州。……先率海舟俟於嘉興之澉浦，而平江之粟展轉以達杭之石墩，又一舍而抵澉浦，乃載於舟。

除江浙通北平的海道以外，東海南海間的海航，大抵也很便利。續通考國用考漕運門云：

邱濬曰：嘗考朱子（朱熹）文集其奏劄言『廣東海路至浙東爲近。宜於福建廣東沿海去處，招邀米客。元至順帝（一三三三——一三六七）末年，河南山東之路不通，國用不繼，議遣貢師泰往福建，以鹽易糧。其後陳友定亦自閩中海運，進奉不絕。

總之，元朝百年間，中國東方南北間底交通，以海道爲大宗這是可以斷言的。

海航技術上，或許也有一些進步。如前舉的例子，元初因海航危險，兼用河運，後來卻專用海運，總和技術底進步有很大的關係。據食貨志海運條所載損失最大的是至元二十三年（一二八六）平均每石損失二斗四升九合餘；最小的是英宗至治二年（一三二二），平均每石損失僅一合餘；毫無損失的是成宗元貞元年（一二九五）大體而論從一二八三至一三二九，凡四十七年間，前半期底損失，大於後半期。歲運總數自四六〇五〇石遞增至三五二二一六三石。這雖由於元廷底聚斂，所以加增歲額；但既漸能把大批米糧放心運輸。則海上交通底技術也自有其進展之處。

宋元間中國交通發展底第三個特點，就是驛傳制底完備。驛傳是一種交通制度，爲主的是陸上交通，雖則也有一部分是應用水道的，但不及陸道底重要。驛傳並不起於元代，但把驛傳定爲詳制的則起自元代。元史兵志稱做站赤，續通考兵考稱做展齊，都是同一蒙語底譯名。後世稱做驛站，大抵就是驛傳與站赤底混稱。驛傳制度是國家底交通工具，並非民間一般的交通機關，其內容就是把中央政府所在地作中心，溝通中央和各地方間底交通，以便文書宣達，使節往來。但驛傳制度底所以完備，必定先有了可以四通八達的方法和社會慣習，猶之國家與漕運，必一般社會上先有普遍的航行方法。

驛傳制度在交通上所盡的作用和漕運不同。漕運底目的在乎運輸，在乎把多量的貨物，由甲地輸送到乙地；驛傳底目的在乎傳遞消息和旅行。所以漕運注重通暢，而驛傳注重便捷。在商業社會裏，交通底便捷，自然也是極重要的條件。

驛傳制度所包含底地域，廣於漕運區域。元朝幅員廣大，交通行政，比較應該嚴密一些。那時中國各行省，驛站很是普遍。大體分陸站水站兩種。陸上交通器具，有馬，牛，驢，羊，狗，車，轎，或者步行；水上則用船隻。現在把元史兵志站赤條所載各行省水陸站赤數目，和所用的交通器具數目，並列一表，俾知那時各行省交通發達底程度，以及交通底不同的方式。

元站赤表

行省別	總站赤數	陸站數	水站數	交通器具種類及數量								備考
				馬	牛	驢	羊	狗	車	轎	船	
腹裏	198	175 另有牛站二處	21	12-98(陸) 266(水)	1982(陸) 200(水) 306(牛)	4908(陸) 394(水) 500(牛)			1069(陸) 60(牛)		950	水站亦有需牛馬處
河南江北	1 6	106	90	3398	192	534			217		1512	

雲南	四川	陝西	湖廣	江西	江浙	遼陽
78	152	81	173	154	262	120
74	48	80	100	85	馬站134 轎站 35 步站 11	120 另有狗站15處
4	84	1	73	69	82	10
2345	986	7629	2555	2165	5123	6515
30	150(陸) 76(水)		545			5259
						218
			70			2621
			(坐)175 (臥) 30	25	148	
24	654	6	580	568	1627	
					遞運夫三三二戶	

甘肅
6
6
0
491
149
171
650

從這裏我們可以看出那時各地底交通情形。江浙行省，水陸交通最便；甘肅位居僻地，交通最不便利。交通器具除水中用船外，陸上以馬爲最普通。北方平原地多用車，可見道路很廣闊；與之相反的便是用轎，祇能盛行於道路狹小或者多山地的地方。最特別的就是遼陽用狗和甘肅用羊。

元史兵志，還有急遞舖兵制度：

元制，設急遞舖，以達四方文書之往來……世祖時，自燕京至開平府，復自開平府至京兆，始驗地里遠近，人數多寡，立急遞站舖。每十里或十五里二十五里則設一舖。……中統元年（一二六〇）詔隨處官司設傳遞舖驛。……

急遞舖後來改名爲通遠舖。舖兵遞相傳報，一晝夜可行四百里。這是各地間官用郵政制度。一般社會是否有這樣或近乎這樣的郵傳辦法，尙待考證。

宋元間中國交通發展底第四個特點，就是海外交通底繁盛。海外通交和互市底關係極大，由交通底發展促進貿易；更由貿易底發達，使交通更形進步。中外互市在唐代已很發達，至宋元而臻於極盛，這個且待下章再說；此時先看一看宋元間中外交通怎樣繁盛。

在第一章第三節裏，我們已經把唐代貿易港列舉出來了。第十世紀以後的貿易港，據宋史一八六食貨志下八互市舶條則如下；

廣州，杭州，明州，——宋太祖乾德四年（九六六）置市舶司。

泉州——哲宗元祐二年（一〇八七）置市舶司，

密州（今山東膠縣）——哲宗元祐三年（一〇八八）置市舶司。

華亭（今江蘇松江，宋屬秀州）——徽宗政和（一一一一——一一一七）中置務設官。

又據日本桑原隲藏著蒲壽庚考中譯本五頁譯者按語，及三九頁四〇頁所引日本藤田豐八說，則南宋時闢爲貿易港者有如下各處：

温州，江陰（今江蘇江陰）澉浦（浙江錢塘江口）

又據元史九十四食貨志市舶條，則元代底貿易港如下：

溫州 廣州 杭州——因宋之舊

泉州 慶元（卽寧波）上海 澉浦——元世祖至元十四年（一二七七）置市舶司。

我們試把第一章所舉貿易港合以此時所舉宋元兩朝底貿易港，則所有曾闢爲港口的海外交通要地，自南而北，計有以下各地：

安南底交州。廣東底欽縣（卽唐欽州，）合浦（卽唐廉州）廣州，潮安（卽唐潮州。）福建底南安（卽唐宋泉州，）閩侯（卽唐福州，）浙江底永嘉（卽唐宋元溫州，）寧波（卽唐宋明州，元慶元，）杭州，澉浦。江蘇底松江（卽宋華亭。）上海，江都（卽唐揚州。）山東底膠縣（卽宋密州。）

此等貿易港所設市舶司，雖時廢時置，但其爲中外交通之港口底資格，亙數百年間，必存在無疑。

中國人底海外交通，其對方地域是那裏呢？宋史元史四裔傳中，列舉不少和中國交通地底國名和道里遠近，往來時日。其中通商的地方，則據宋史一八六食貨志下八市舶條有：

大食（今阿剌伯）

古邏（今馬來半島底 Kalah-bar）

闍婆（今爪哇）

占城（今安南南部）

勃泥（今蘇門答臘西北境）

麻逸（麻葉甕——今比利敦附近島嶼）（？）

三佛齊（今蘇門答臘底巴鄰旁）

其中交往最盛的便是阿剌伯。桑原氏蒲壽庚考第一章云：（註七）

自八世紀初至十五世紀末，歐人來東洋之前凡八百年間，執世界通商之牛耳者，厥爲阿剌伯人。其最盛之時，則在八世紀後半阿拔斯(Abbâs)王朝奠都縛達(Baghdâd)以後……阿剌伯人之與中國通商，雖屢經盛衰，而自唐經五代以至於宋，連綿繼續，未嘗中輟。有宋一代，其盛遂極。

阿剌伯與中國間交通底路徑，多自波斯灣底尸羅夫（Sîrâf）港，經阿曼（Oman）底Mascate至南印度底Koulam再至馬來半島底古邏，然後抵中國底南方諸港。航程在順風時候，單程約計百日；若沿途經商躭擱，則來往須經兩年。

往來船舶，都係帆船。據宋史食貨志市舶條則云：

最大者曰獨檣	載重1000婆蘭＝300000斤（註八）
次大者曰牛頭	載重爲獨檣底三分之一
又次大曰木舶	載重爲牛頭底三分之一
又次大曰科河	載重爲木舶底三分之一

有阿剌伯船，亦有中國船，中國船數量甚多，且大於番船。航行技術甚高，都能使用羅盤針，且能利用信風。（註八）

比阿剌伯更遠的還有歐洲與中國間底交通。第二章所述馬哥孛羅底東游，路徑：來時行陸道，由君士坦丁出發，取道巴力斯坦，經西里西亞（Cilic'a）達亞美尼亞，繞道北行，由美索不達米亞至波斯；並不航海，反由波斯沙漠北行，逾帕米爾，至喀什噶爾，再自和闐羅布泊遵玄奘西行故道入黃河流域，以達北平。去時則由海道往波斯，再遵海回君士坦丁。（註九）

（註一）隋運河由今河南洛陽，通浙江餘杭。新開闢的計兩部分：一爲汴渠，從鄭州北境起，經開封商邱，向東南入淮水；一爲江南河，由鎭江向東南經蘇州嘉興等處達餘杭。

（註二）參看通考國用考漕運門。

（註三）福建路漕米就地理狀況推測，應亦經由兩浙路。

（註四）此卽隋江南河。

（註五）會通通惠兩河，均見元史六十四河渠志。

（註六）食貨志漕運條尙有至元二十九年所改海道，祇用一年。此處因避繁複，故略。

（註七）見陳裕菁譯本第二頁及第四頁。

（註八）馬來語，一婆闌合中國三百斤。

（註九）見韋爾斯世界史綱中譯本六一〇頁。

第五章　商業

假使中國當春秋戰國時，已漸入於交換經濟的狀態中，那麼到宋元時代，已經積有一千數百年的交換習慣了。社會底傾向是交換領域底擴充，交換範圍底推廣。在前幾章裏我們已經討論了手工業與交通業底發展，與之必然相一致的，便是商業底繁榮。

我們且丟棄了空泛的，對於商業繁榮的描寫，試從別方面去觀察商業底發展，則我們可以看一看商稅在國家租稅中位置底漸次增高。

唐中葉以前，商稅時興時廢。興商稅的理由，以為商人不事生產，坐享厚利，宜加賦斂，藉為抑制；廢除商稅的理由，以為去除煩苛，與民休息。然其實這都是借端的話。事實上徵收商稅，無非侵削底一端，旋收旋廢，祇因那時生產還不發達，收與不收，沒有太出入，所以國家當承平的時候，也樂得蠲免一下了，唐季藩鎮擅土，徵收商稅，中央雖有禁令（註一）徒歸無效，可見那時商業已比較繁榮，徵收商稅，正所謂有肥可噬，事實上難於廢除了。五代諸國，聚斂更甚，商稅尤見重要，宋史一八六食貨志商稅條云：

自唐室藩鎮多便宜從事，擅其徵利，以及五季諸國，益務掊聚財貨以自贍，故徵算尤繁。

宋朝號稱仁政，但開國之初，並沒有把商稅免除。如宋與所下之國，必詔蠲省，屢勑官吏，毋事煩苛，規羨餘以徼恩寵。

此處祇說毋事煩苛，並沒有豁免的話。又通考十四卷征榷考征商門云：

止齋陳氏曰：……恭惟我藝祖開基之歲，首定商稅則例，自後累朝守為家法。

可見宋太祖（即藝祖）開國時便積極地整理商稅，表示商稅底重要性。

於此，我們須得注意一件事，就是那時所謂商稅，僅表示商業底一部份，商稅中究竟包含些甚麼貨品？據宋史食貨志商稅條則謂：

其名物各隨地宜而不一焉。

通考征榷考一關於宋代商稅，則云：

關市之稅，凡布帛什器香藥寶貨羊彘，民間典賣莊田、店、宅、馬、牛、驢、騾、橐駝，及商人販茶、鹽皆算。

此中茶鹽兩項，大約祇指商人販賣的一部分，另有官賣的一大部分與商稅無關。此外酒、麴、礬等在宋朝都歸官賣。米粟由商人販賣的，另納『力勝錢。』這種種都足以表示市場上流通的貨物比了商稅所表示的要廣大得多。

唯其如此，則商稅成爲國家必要的收入時，社會市場上交易底程度，當然已經很高的了。

宋元時代底商業，最可表示其本身底發達的便是國際貿易底發展。原來那時交換底區域，已很擴大了。國內底腹地和邊郡間，交換底需要程度很高，我們祇要看宋朝所定『入邊芻粟』的辦法，便可以知道。入邊的辦法，卽商人納芻粟於邊郡，邊郡給之以劵，或到京師和其他積錢的地方去取錢，或償之以官賣品。這種制度的如何是另一問題；至於政府所以能夠定這樣的辦法，就是因爲各地間正需要交換。

在第二章裏，我們已經引了幾個例子，說明宋遼宋夏間的交易，這可以表示交換底範圍，從本國而擴展至國際間。但是這還不是眞正的國際，因爲遼夏（金亦然）所據的地方，還是中國底一部分，雖然政治上分隸兩方。

眞正的國際貿易，就是東南海港與外舶間底貿易。關於此種貿易底貨物，和貿易地點，及對方相貿易的國家，都在以前陸續說過；此刻祇一述國際貿易爲國家所重視的情形，食貨志市舶條云：

（宋）太宗（九七六——九九七）時，置榷署於京師，詔諸蕃香藥寶貨至廣州交阯兩浙泉州，非出官庫者，無得私相貿易。其後乃詔自今惟珠貝、玳瑁、犀象、鑌鐵、鼊皮、珊瑚、瑪瑙、乳香、禁榷外，他藥官市之餘，聽市於民。

（太宗）雍熙（九八四——九八七）中，遣內侍八人齎勅書金帛，分四路，招致海南諸蕃。商人出海外蕃國販易者，令並詣兩浙司市舶司，請給官劵，違者沒入其寶。

這裏所表示的，就是國家對於互市舶事件底注意獎勵以及希圖壟斷。

以上是北宋的情形。至於南宋，則獎勵國際貿易，更盛於前。日人桑原隲藏謂：（註二）

> 南宋一代，政府因欲增庫入屢獎勸外蕃通商。

南宋偏安一隅，財政困難，因此把海市所入稅看做國家底重要財源了。桑原氏又考知宋高宗紹興二十九年（一一五九）底財政狀況，謂：（註三）

> 建炎以來，繫年要錄百八十三，紹興二十九年七月條，記當時經制錢，總制錢收入約千五百萬緡，當常賦之半；則是年總歲入當爲四千萬緡乃至四千五百萬緡。而此年市舶司獲二百萬緡，是居歲入總數二十分之一也。其於國家財源上占重要位置可想。

宋元之交，國際貿易稍衰，元代便努力恢復。元史九十四食貨志市舶條云：

> 至元十四年（一二七七）立市舶司一於泉州，令忙古䚟領之，立市舶司三於慶元，上海，澉浦，令福建安撫使楊發督之。每歲招集舶商，於番邦博易珠翠香貨等物。及次年迴帆，依例抽解，然後聽其貨賣。

翌年積極爲互市復活之着手，元史卷十世祖本紀：

至元十五年八月，詔行中書省唆都蒲壽庚等曰：諸蕃國列居東南島砦者，皆有慕義之心，可因蕃舶人宣布朕意。誠能來朝，朕將寵禮之。其往來互市，各從所欲。（註四）

固然，在這裏所見的祇是關於征榷的事，並沒有指出交易發達底眞相。但旣受國家底注意，必定那時國際間商業本已發達（如南宋；）卽使一時衰落，而仍可以有蓬勃的希望（如元初。）否則明知無甚意味，也不値得這般奬勸了。

以上所說是關於宋元間商業一般發展的情形。在這樣發展的狀態之下，一切生產物都商品化了。非但鹽茶等日用品如此，就是最適於自足經濟的米糧，也成了商品。如宋史一八六食貨志商稅條：

海南收稅，較船之丈尺，謂之格納，其法分三等。有所較無幾而輸錢多寡十倍賈物。……自高化至者，惟米包瓦器牛畜之類，直纔百一而概收以丈尺，故高化商人不至，海南遂乏牛米。

這可見以海南這樣後進地方，牛米須仗他處商人往其地販賣；一旦商人不至，便形恐慌了。

在這樣商業發展狀態之下，商業資本也很快地發督。關於這一層，俄國拉狄克在中國革命運動史（中譯本二六頁）裏有如下的說明：

元時佔據全亞細亞者，就是蒙古民族。當時中國底貨幣，可以由太平洋流通到波斯灣以及裏海各地。當時全亞細亞底商業，引起了中國商業資本很快的發展，以及手工工廠工業長足的進步。

他這個論斷是根據了馬哥孛羅對中國手工業商業底描寫而得來的。可惜我們沒有充分資料可以說明中國底手工業商業與全亞細亞底關係，以及其促進商業資本底情形。

商業資本發展的社會裏，商人是社會中經濟的有力者。他積聚了貨幣，很自然地遂行了債主的任務。關於商人放債的事實，從漢時起（參看第一章）一直到宋元，沒有甚麼兩樣。王安石底變法，對於商人放債取息，很加裁抑。例如青苗法卽是號稱救濟農人被債務壓迫的。青苗法始行於陝西，當春天播種時，官家借錢給農民，待穀熟後照二分利率，連本利還給官家。後來此法推行各路，用常平廣惠倉底錢穀做本錢。宋史一七六食貨志上四常平廣惠倉條云：

〔宋神宗〕熙寧二年（一〇六九）九月，制置三司條例司，請以常平廣惠倉見在斗斛，遇貴量減市價糶，遇賤量增市價糴。……依陝西青苗錢例，願預借者給之。……非惟足以待凶荒之患；民既受貸，則兼幷之家，不得乘新陳不接，以邀倍息。

此種辦法底作用，即在裁抑兼倂之家底重利盤剝。所謂兼倂之家，據通考卷二十一市糴考二稱爲轉運之家，那麼當然是指的商業資本家了。

商人操縱市場，博取利息，有時能夠預付物品底價格，使商品價格，無形中被壓低下去，生產者更永久從屬於商人。這等情形，在宋朝時候大概也很普遍。通考市糴考云：

權開封府推官蘇軾言：……夫商賈之事曲折難行。其買也先期而予錢；其賣也，後期而取直。多方相濟，委曲相通，倍稱之息，由此而得。

在這樣的經濟構造之下，商業資本家果能如王安石底改革法所能裁抑的嗎？那當然是徒託空言罷了。況且王安石底本意，也祇站在當時統治者底立場上，一味打算增加國用。他所行底新法，都承認那時商業資本式的榨取底存在。祇想把政府移在商業資本家底地位上，替代人民的商業資本家。所以反對他的人便這樣說了。

熙寧初王介甫秉政，專以取息爲富國之務。然青苗則春散秋斂，是以有賒貸之息，市易則買賤賣貴，是以有貿易之息。……（通考市糴考底按語。宋史與通考對於王安石都抱反對態度的。）

那時借貸底息金很重；年利二分，大約是普通極低的利率。王安石所創行的青苗法市易法，官貸息都是二分。卽使反對他的人還也說這算不得高利貸。宋史食貨志常平義倉條：

安石……欲行青苗之法，蘇轍自大名推官上書召對。……安石出青苗法示之。轍曰：「以錢貸民，使出息二分，本非爲利；然出納之際，吏緣爲奸……」

蘇氏是反對安石的人，也不能指摘他底二分利率，可見普通利率，其低額也應高出於二分。

在商業資本發展下的商人，是應該有組織的。據日人加藤繁論唐宋時代之商人組合一文（註五）中所考，則宋元商人有所謂「行」的組織，行底意義，已由同業商店區轉化而爲同業商人底組織。行有「行頭」「行老」爲之領袖。組織範圍很廣大，不祗行於一地方間，幾乎廣及全國。如宋史一八三食貨志下五茶法上條：

其輸邊粟者，持交引詣京師。有坐賈置鋪，隸名榷貨務，懷交引者湊之。若行商則鋪賈爲之保任，詣京師榷貨務，給錢，南州給茶。若非行商，則鋪賈自售之，轉鬻與茶賈。

所謂行商是各地底行商，和京師底鋪賈，能够如此相通，可見其組織決不狹小的了。

然而商人之間，並沒有甚麼眞正平等的聯合。大商人欺抑小商人，以及大企業兼併小企業，也是極平常的事。這樣的說明，在加藤繁論文中很可以找得出來。（註六）

（註一）唐文宗太和三年（八二七）勑文：『天下除兩稅外，不得妄有科配。其擅加雜榷率，一切宜停。』

（註二）陳譯蒲壽庚考第一章并註二十二。原文所引證據計三條。

（註三）陳譯蒲壽庚考第二〇〇頁。

（註四）此兩條前書亦引用見二〇一——二〇二頁。

（註五）譯文見新生命雜誌第二卷第十一號。

（註六）見前文第二節。

第六章　都市

因手工業商業底發展，必然地引起都市底繁榮。都市底位置，總在交通便利的地點。有的是江河底合流點，有的是江河底出海口，有的正當山路底要口，有的是要道底交叉點，或者河流底渡口。這些地方因地位上的關係，適宜於成爲交換底中心。商人有湊集其地的必要，手工業者爲了原料來路底便易，出品銷售底迅速，也樂於聚集在那裏，有許多農村的手工業者，即以手工業爲副業的人，眼見其地位不如都市的手工業者，於是也有跑入都市的趨向。這樣各方面底聚集，便促起了都市底繁榮。

中國境內至少有千數以上大小不同的城邑，這種城邑是不是能够算做都市？城邑底起源，遠在封建時代。起初時候，城郭底作用，在乎保護封建領主和其有關係的特權階級。建立城邑的位置，當然要取可資防禦的山險地方（註一）。這些位置，有的恰當交通要道，有的不然；但後來因因爲指揮農業的便利，幷且爲了交換底逐漸發生，不免要用人工的力量使城邑成爲交通底中心。如道路底修築，以城邑爲中心。這樣，可想像地，封建的城邑，有逐漸變成都市底傾向。然而，同時也有許多封建城邑不宜於造成都市的，而且都邑以外，卻又儘有宜於作交換中心的地方，這樣便發生了都邑以外的市集。所以古語中『市朝』連舉也不妨『市井』連舉。

所以封建都邑，和後世工商業都市可以一致，也可以不一致。而都邑以外，興起各處大小不同的市鎮，是交換社會裏必然的產物。

封建都邑與都市底關係如此。後世郡縣底治邑，是否卽古代封建的都邑？這立刻就可以決定答覆的，有的治邑繼續着封建的都邑，有的則是新興的。新興城邑底位置應該怎樣呢？就現在的情形而論，則有的城邑卽是工商業大都市，有的卻閉塞而冷落。但是把某一郡縣底經濟情形而論，則所謂閉塞而冷落的城邑，還是一地方底工商業中心地（有一部分城堡，是軍事上營壘底遺跡，這當別論。）所以大部分的郡縣城邑，帶有工商業都市底性質。（註二）

那麼秦漢以後郡縣底發展，是否卽都市數量底發展？起初的擴張疆土，祇由於軍事勢力底發展，目的在乎獲取奴隸，獲取封建式的租稅。擴張疆土後，並不卽刻設置郡縣的。等到一個地方有設置郡縣的必要時，其地加入了全國的經濟紐帶，已經具有相當的時期，事實上已經可能地促起其地手工業商業底發生和發展。國家因爲這新地方可以和其餘地方同樣地交付各種租稅，便設置同樣的政治組織，於是便正式設置郡縣。新郡縣底城邑或者建在本係交通便利的中心地，或者很可能地迅速成爲一個實質上的都市，因爲那時已在新的經濟構造之下，關於交通等條件是不容忽視的。所以郡縣底發展，和都市底發生和發展，有很有密切的聯繫。

因此，就縱的方面而言，一個郡或縣怎樣發生？全國底郡縣怎樣發展？可以推知中國都市發展底情形及其一般的趨向。再就橫的方面而言，在一個時代裏，各地間郡縣底設置或廢棄，可以覘知這時代都市發展底地域上的分布狀態。

在此處我們不可能把各個城邑市鎭詳細研究；且觀察一下自秦漢到宋元間，在一定區域內，郡縣發展底趨勢怎樣。

下面一張表是根據了通考和續通考底輿地考而成的，這兩部通考都以九州爲地域底綱

領的，所以便合於我們底一定地域的條件。（註三）

漢晉隋唐宋元郡縣數表（註四）

地域別	漢縣數	晉縣數	隋縣數	唐縣數	宋縣數	元縣數	備考
古冀州	三七三	一九五	二〇七	二二一	一九二	二五〇	宋失去十六州地元征東省不詳
古兗州	一三五	八三	七一	七九	七三	五八	
古青州	一八六	六九	三六	三四	三〇	三一	
古徐州	一〇六	三五	三三	三七	二七	三五	
古揚州	九七	一〇五	一二三	二〇九	二七三	二九三	元一部分卽唐宋以前南越地
古荊州	七九	一一三	一〇八	一三七	一二八	一四九	同右
古豫州	一八六	一三七	一四八	一二五	一二九	九七	
古梁州	一二八	一五六	二二六	二九二	二二二	一九七	宋少十四州
古雍州	二三一	九九	一五七	一七三	一二七	七八	
古南越	五五	一二〇	一四七	二八九	一〇八		宋少交阯地元分入揚荊區

總數	一五七六	一三三三	一二四五	一五九四	一三〇七	一二八八

總數由各區相加而得，與各史地理志不盡符合——地理志所列大概係一定年份底總數。

各朝代設縣總數底增減，並不足以表示都市數量底進退，因爲各朝底版圖有廣狹不同，而事實上有時國家因節省開支也很有把既設的郡縣加以裁併的。我們此刻所要注意的是：一，各時代縣邑密集地域底不同。漢代底縣邑密集於北方，尤以冀州爲最多；南方惟梁州較多。晉以後則縣邑漸密集於南方揚梁荆諸州，北方除冀州外，其餘均趨減退。一，就各區域而論，則荆揚梁三州及南越，增加頗甚，冀州一度銳減後，仍有增加趨向，青兗徐豫雍則減退頗甚（青兗徐豫均在比較的內地，與版圖底伸縮無甚關係。）綜言之，則自漢晉至於宋元，郡縣發展底趨向在南方各地，北方惟冀州較爲平隱。冀州南方與揚荆南越有一相同點，即具有海岸線（徐青兩州雖也有海岸線，但甚短。）那麼我們可以得一個結論，郡縣發展底趨向，由北方漸移至南方，由內地漸移向海濱。

假如新興的郡縣和工商業都市底興起相一致的話，便可以說中國自從晉代以後，南方及沿海諸地增加了不少新興的都市。這和工商業發展底趨勢，原是相一致的。

北方底城邑，沿自封建郡邑的多，當新興郡邑逐漸增加的時候，他們卻漸形減退，這可以看出中國經濟勢力地域上底轉移；又可以看出經濟勢力怎樣影響及於政治。起初封建領主底企圖，要把封建政治中心地形成新興工商業經濟勢力的中心地；而事實上恰恰相反，由新興經濟勢力的中心地，形成了新的政治中心地。

這樣又影響國家京師底設置地點。古代的京都取其險阻。如長安，洛陽，都恃其地險，爲歷代所重視。宋朝定都開封，雖說是因五季周代之舊，但何以仍其舊而不如往昔的習慣，遷往洛陽或長安呢？據宋史八五地理志一：

浚郊，（即開封，因漢嘗在其地置浚儀縣）處四達之會，故建爲都，政教所出，五方雜居。

通考國用考漕運門引語云：

〔宋哲宗〕元祐七年（一〇九二）知揚州蘇軾上言，臣竊見〔仁宗〕嘉祐（一〇五六——一〇六三）中，張方平論京師軍儲云：『今之京師，古所謂陳留，四通八達之地，非如雍洛有山河之險足恃也。特恃重兵以立國。……」

據此則宋朝底建都開封，正因其爲四通八達之地這也可見當時人底政治意識，因社會經濟底遷變而有所更變了。

宋元都市底一般的在歷史上底趨勢，已如上述了。許多都市中究以何者爲重要？在第四章裏，我們已經舉出許多交通衝要的地方，以及沿海的市舶要港。再就通考征榷考一所舉宋神宗熙寧十年（一〇七七）以前全國諸州商稅歲額，共計三百十餘處，錄其歲額最多的地名如下：

四十萬貫以上者三處

東京　成都　興元

二十萬貫以上者五處

蜀　彭　永康　梓　遂

十萬貫以上者十九處

開封　壽　杭　眉　綿　漢　嘉　邛　簡　果　戎　瀘　合　懷安　利　閬　劍

三泉縣　夔

五萬貫以上者三十一處

西京（卽洛陽）　北京（卽大名）　徐　鄆　邳　潁　滄　博　棣　秦　德　京兆

楚　眞　廬　成　揚　蘄　無爲　資　高郵　蘇　普　昌　洋　興　大寧　達

施　涪

此中所列地名，屬今於四川的最多，須知那時四川使用鐵錢，一鐵錢祇當銅錢十分之一，歲額雖多，實際不及他地；但在一區域之中，這等大約也不失其商業繁盛的地方。

又據宋史一八六食貨志下八市舶條，宋朝與遼夏通商地，有如下各處。

鎭　易　雄　霸　滄　靜戎　代　雁門　安肅　廣信（以上對遼）　保安（以上對夏）

其中以雄州最爲重要。

又據宋史地理志，有特別提示的地名如下：

睢陽（即今河南商邱，宋時爲南京）當漕舟之路。

定陶（在今山東）乃東運之衝，其後河截清水，頗涉艱阻。

營丘（宋名昌樂，在今山東）東道之雄。號稱富衍，物產尤盛。

登萊高密負海之北，楚商兼湊。（元祐三年以密州板橋鎮升爲膠西縣。）

襄陽爲汴南巨鎮。

餘杭（指今杭州）四明（指今寧波）通蕃互市，珠貝外國之物，頗充於中藏。

揚（今江蘇江都）壽（今安徽壽縣）皆爲巨鎮。

眞州（今江蘇儀徵）當運路之要。

符離（屬宿州，在今安徽）譙亳（亳州郡治，在今安徽）臨淮（泗州郡治，在今安徽）朐山皆便水運。

江陵（在今湖北）國南巨鎮，當荊江上游，西控巴蜀。

潭州（今湖南長沙）爲湘嶺要劇。

鄂（今湖北武昌）岳（今湘南岳陽）處江湖之都會。

這些地方有的已見於第四章，有的未見，都是在全國中值得注意的要地。

以上都是屬於宋朝的。遼境內則惟有北平一地，契丹國志稱爲戶口三十萬，城北有市，陸海百貨聚集其中。

金底地域卽遼宋舊地。元史地理志則並不列舉，惟若干戶口繁盛的路府州軍，或可藉以窺見一斑（參看下面第八章）。

都市繁榮的狀況，可以從各種筆記小說中去找得資料。就一般趨勢而論，則與外舶通商之地，更形繁昌。據日人桑原氏所考，唐宋元間廣州，泉州，揚州以及松江等處都極繁榮，外人僑居也不在少數。（註五）其中以泉州尤屬昌盛，至被稱爲世界最大商港。其說以馬哥孛羅及伊本巴都他之言爲根據。（註六）

繁盛的都市，雖多在南方；但北方底北平，在元初亦盛極一時。馬哥孛羅曾有描寫道。

彼處營樂之妓女，娼好者達兩萬人。每日商旅及外僑往來者甚夥，故均應接不暇。妓女既如是之多，則人民之衆，自易了然。至所有珍寶物品之數，更非世界上任何城市可比。……商品之交易亦多。每日所到之絲，何止千車。幷製造金絲呢絨及絲織品等。而此間四周之城市，遠近計二百，均至此購買其所需者。……

此外北宋時的汴梁，南宋時的臨安，均盛極一時。前人述者已多，此刻不贅述了。（註七）繁盛都市底人口究有若干？在史籍中沒有相當可資計算的材料。宋元兩史地理志，雖均有戶口數附記各州府或路州之下，但既係合數縣而言，又包含農村人口在內，我們不能藉以測定都市底人口數（根本地說，古時調查戶口，極不準確，參看通考戶口考即知。）

構成都市的主體，自然是手工業和商業。而商業底發展，使手工業居於從屬的地位。同業商人組織行會，操縱商業。宋代以後底傾向，便是一個都市裏漸次統一成一業一會，以獨占某項商業，日人加藤繁曾列舉長安，洛陽，杭州，崑山，蘇州，成都，北平，揚州各地的例證，得到如下的結論云：（註八）

唐代長安之同業商人組織不止一業一個。在這種情形，數個行會相共獨占的商業。到了宋代，同業商店區的制度弛緩以後，則可以推想到一個都市之內的同業商人組織，漸次統一成一業一會，以獨占該業。但文獻不存耳。

（註一）關於古代封建都邑底位置，有的謂在山地，有的謂在山險，可參考商務印書館白話本國史第一册第一四〇前後間數頁。

（註二）實際有的郡縣城邑，雖起源於封建都邑，但位置卻已經移動了。如江蘇蘇州。現在的城正在水道底交叉點；在此城建築之前，另有一古城，地址在今城西方山麓。

（註三）宋以前從通考，元則從續通考。

（註四）此處祇列縣數，並不列郡數，因為此處底目的祇在說明城邑，所以郡城可包括在縣城數中。

（註五）見陳譯蒲壽庚考各章註文。

（註六）見前書第三十八頁。

（註七）參考商務出版百科小叢書三十二種，王孝通著中國商業小史六二頁及六八頁。

（註八）譯文見新生命二卷十一號。

第七章 幣貨及鈔法

在商業資本抬頭的交換社會裏，貨幣便顯現了非常的活動。關於宋元間貨幣底發展，我們所應該注意的，第一，錢幣底需要比以前加甚。錢幣即金屬的定形貨幣，在貨幣本身底歷史裏，發生得較爲遲慢。在第一章第三節裏，我們已經說過秦漢以後雖時時鑄幣，但時受阻礙。關於這個問題，我們可以引用通考錢幣考所考證各條，因爲這裏面羅舉着各代鑄幣和自然經濟互相衝突的情形。

王莽（第一世紀開始）亂後，貨幣雜用布帛金粟。

魏文帝黃初二年（二二一），罷五銖錢，使百姓以穀帛爲市。至明帝世（二二七——二三九）廢錢用穀既久，人間巧僞漸多，競溼穀以要利，作薄絹以爲市……明帝乃立五銖錢。

晉武帝太始（二六五——二七四）中，河西荒廢，遂不用錢，製帛以爲段數。

後魏初（第四世紀末）置太和錢貨，無所用也。

梁初（第六世紀開始）唯京師及三吳荊郢江襄梁益用錢，其餘州郡則雜以穀帛交易。交廣之域，則全以金銀爲貨。

後魏宣武帝永平三年（五一〇）冬，又鑄五銖錢。京師及諸州鎮，或不用，或有止用古錢，不行新錢，致商貨不通，貿遷頗隔。

北齊神武霸政之初（第六世紀中葉）……冀州之北，錢皆不行，交易者皆以絹布。

〔陳〕（第六世紀後半）嶺南諸州，多以錢米布交易，俱不用錢。

這種現象緜亙至六七百年，錢幣與穀帛相對立，而錢幣勢力有時不敵穀帛。這正是自然經濟與交換經濟互相並行狀態底表現。大抵那時中國自然經濟社會底範圍很廣大，手工業商業雖漸在發展，而不能與之爲敵。每經一次戰亂，手工業商業因之衰頹，於是便容易回轉到現物經濟；須經歷好久再恢復貨幣底使用。官家鑄錢也與此情形相符合，時鑄時輟。

第七世紀以後，交換經濟日益發展，交換領域（卽加入交換關係的人）擴張，貨幣底用途也推廣，所以不復發生此種糾葛了。即使經過安史黃巢以及五代戰亂之後，也沒有整個回復到穀帛交易的傾向。雖到通考上還繼續有以下的引例：

（唐玄宗）開元二十二年（七三四）三月二十一日勅：「……頃雖官鑄，所入無幾，約工計本勞費又多，公私之間，給用不贍……」十月六日勅：「貨幣兼通，將以利用，而布帛爲本，錢刀是末，錢幣貴末爲弊，則深法教之間，宜有變革。自今以後，所有莊宅口馬交易並先用絹布綾羅絲綿等；其餘市買至一千以上亦令錢物兼用，違者科罪。」

（唐文宗）太和四年（八三〇）詔「積錢以七千緡爲率。十萬緡者期以一年出之，二十萬以二年。凡交易百緡以上者，匹帛米粟居半。河南府揚州江陵府，以都會之劇，約束如京師。」

然而這並不足以證明貨幣經濟要回復到穀帛經濟，恰恰足以表示貨幣數量不足。官鑄遲緩，周轉不靈；開放私鑄，又恐弊多，故擬以絹布實物稍作替代罷了。然而僅僅這樣也仍不可通行。開元辦法，想來很實行；後來重申太和之禁，下面且明言「未幾皆罷。」

至於元史九十七食貨志鈔法條云：

既而（謂元末，即十四世紀中葉，）所在郡縣皆以物貨相貿易，公私所積之鈔，遂俱不行。人視之若敝楮。

這是因爲那時鈔法壞至不堪，紙鈔毫無準備，價格跌落至極，故以物貨交易爲之救濟；並非有了錢幣，爲穀帛所驅逐。此情形與隋唐之前不同。

關於宋元時代貨幣需要底增加，及其與整個社會經濟底關係，我們更可引用當時人底議論，和我們此時的推斷，互相印證。通考錢幣考二引云：

水心葉氏曰……古者因物權之以錢，後世因錢權之以物。錢幣之所起，起於商賈通行，四方交至，遠近之制物不可以自行，乃以金錢行之。然三代之世，用錢極少，自秦漢以後浸多，至於今日，非錢不行，三代之前所以極少者，當時民有常業，一家之用，自穀米布帛蔬菜魚肉，皆因其力以自致，計其待錢而具者無幾。止是商賈之貿遷與朝廷所以權天下之物，然後賴錢幣之用。……後世不然，百物皆由錢起，故因錢制物，布帛則有丈尺之數，穀粟則有斛斗之數，其他凡世間飲食資生之具，皆從錢起。銖兩多少貴賤輕重，皆由錢而制。上自朝廷之運用，下自民間輸貢，州縣委藏，商賈貿易，皆主於錢，故後世用錢，百倍於前。然而三代不得不少，後世不得不多，何者？三代各斷其國以自治，一國之物，自足以供一國之用，非是天下通用不可闕之物，亦不至費心力以營之。……後世天下既爲一國，雖有州縣異名，而無秦越不相知之患，……商賈往來，南北互致，又多於前世，金錢安得不多？……

在這段議論裏，我們須得注意的，他把古代與後世並列比較。古代因物權之以錢，後世則以錢權之以物。古代除朝廷及商賈需要貨幣之外，一般的人都在自然自足經濟狀態中；後世則無論何人，都加入了交換關係中。

錢幣底需要既若是之盛，所以錢幣底鑄造，歷代中便以宋代最爲繁多。但幣制紊亂，也可謂至乎其極。今試把宋代官鑄錢幣列表如下：

宋代官鑄錢幣表（註一）

類別	名稱	文字	質	重量	價格	鑄地	歲額	通用區域	通用時期	備考
銅	小平錢	寶元前稱宋通元寶、太平通寶、淳化元寶、皇宋通寶、以後稱某某元寶、	三以銅斤十兩鉛一斤八兩錫八兩作比例、(惟建州增銅五兩減鉛五兩)。	每貫重五斤	錢之單位	兩京、衛、睦、永興、華、衡、興元、絳、舒、興國、鄂、江、池、饒、建、韶、惠、(以上通考載元豐統計)商、虢、儀(以上食貨志載仁宗時嘗鑄錢)。	至道中八〇萬貫、景德中八三萬貫、天禧末一〇五萬貫、皇祐中一四六萬貫、沿平中一七〇萬貫、元豐間五〇六萬貫、後歲有增額	全國除四川境以外皆通用。(當二錢不許入京師)	太祖初行江北、太宗時推及江南。	徽宗崇寧三年起罷鑄。
	十當			約重於小平三倍	十倍(慶歷末在陝西作三倍)				仁宗時起	
	當二				二倍(崇寧後改作五倍)				英宗時起用、徽宗時罷用。	
	當五	聖宋通寶		以小平增料改鑄	五倍	江、池、饒、建、舒、睦、衡、鄂、陝西。			徽宗崇寧二年起	明年即罷鑄
	當十	聖宋通寶	以銅九斤七兩鉛四斤十一兩半鉛三斤一兩三錢作比例。	以當二錢改鑄。通考云每貫重十四斤七兩	十倍後減成五倍、又減作三倍		三〇萬貫	初定全國除陝西河東四川、後令福建廣南勿用、後詔惟京師兩河許行、	同右	

幣					鐵	
夾錫	小平	折二	南宋當二	南宋小平	大鐵錢	小鐵錢
				太宋元寶 皇宋元寶	與銅錢同	
銅八斤、黑錫四斤、白錫兩斤。	銅三斤四兩、鐵三兩、鉛不及一斤七兩、錫八兩	銅、鉛、錫	銅少鉛多		鐵	同
		以舊小平錢改鑄	每貫四斤五兩	每貫四斤十三兩	每貫百個重十二斤十兩	每貫千個重二十五斤半
二倍	單位	二倍	二倍	單位	等於小平	小平十分之一
陝西、後加衡、鄂、舒、廣南。	饒、贛	江、池、饒	虔、江、池、饒、建		邛、嘉、興、岷、通遠、虢、商(以上通考元豐統計)	
			十二萬貫		大中祥符二年邛、嘉、興二十一萬貫皇祐中邛嘉興大鐵錢二十七	
全國除鐵錢區	同右	同右	南宋各地		今四川境	
同右	徽宗宣和以後	同右	高宗紹興以後		宋初起	
					江南始亦用鐵錢、後則否。	

幣

小鐵錢		同		初不詳、後爲三分之一、三分之二、五分之二。		萬貫嘉祐四年卭嘉停興州三萬貫元豐間各地共八九萬貫	今陝西境	仁宗時起	
大鐵錢		同		初爲小平十倍後成二倍	晉、澤		今陝西境	同右	
小鐵錢		同		山西作小平二分一三分一或五分一陝西作小平三分一	晉、澤石、威勝		今山西陝西境	同右	
大鐵錢		同		小平百分之七十七	建州		福建建州	太宗太平興國起用卽罷	共祇鑄十萬貫
御書鐵錢		同		等於小平	四川諸監	每年祇三千貫	今四川境	太宗淳化時起	因出品少三年卽罷
小鐵錢	聖宋通寶	同			兩廣諸監		兩廣	徽宗崇寧三年起	

南宋小鐵	同			舒、蘄、黃	九〇萬貫	兩淮	孝宗淳熙六年起

宋代官幣底紊亂情形：第一，銅幣之外有鐵幣。鐵幣是極笨重的東西。五代各國因沒有力量大開銅礦，有的就用鐵幣。宋朝沒有取銷，反而從事鑄造。四川地方始終用鐵幣，就成爲鈔幣底發源地。第二，銅幣底品質愈鑄愈壞，卽銅質在比量中愈小，他種原質滲入愈多，重量也愈鑄愈輕，以致價格動搖不定，日趨低落。這樣便生出不良影響，一是物價騰貴，二是私幣充斥。

官幣底漸趨惡劣，當時的人以爲藉此限制民間銷鎔，然而事實上恐怕還是因於官家底牟利。如宋史一八〇食貨志下二錢幣條云。

〔宋仁宗〕景祐初（一〇三四）……許申爲三司度支判官，建議以藥化鐵與銅雜鑄，輕重如銅錢，……費省而利厚。詔申用其法，……卒無成功。

〔仁宗〕慶歷五年，……梓州路轉運使崔輔，判官張固，亦請卽廣安軍魚子鐵山采礦炭，置監於合州，幷銷舊小錢以鑄，減輕大錢。未得報，先移合州相地置監。州以上聞，朝廷以……輔固爲擅鑄錢，皆坐貶。

慶曆末（一〇四八）葉淸臣……張方平等上陝西錢議曰：「關中用大錢本以縣官取利太多，致姦人盜鑄，其用日輕。」

以上數例中可見無論中點及地方官吏，爲牟利起見，都以改鑄劣錢爲得計。

還有一種紊亂情形，就是各種錢幣通用區域不同，有的地方祇許用銅錢，有的地方祇許用鐵錢，有的地方銅鐵錢並用。錢幣底使用雖有限制，但貨物底交換不能限制，所以貨幣價格上蒙受極大的影響。

官幣底大事鑄造，是宋代貨幣上底一大特點，然而官幣時現缺乏，私幣卻充斥於市場上。食貨志錢幣條云：

太祖初（九六〇）禁諸州輕小惡錢及鐵鑞錢。

〔太宗〕太平興國（九七六—九八三）永平監歲得三十萬貫後，民間猶雜用舊大小錢。

端拱元年（九八八），內侍蕭延皓使嶺南還，以民間私鑄三等錢來上，且言多與蠻人貿易，侵改禁法。

〔仁宗時〕（十一世紀中葉）陝西諸州錢雜行，大約小銅錢三可鑄當十大銅錢一，故盜鑄者衆，錢文大亂。

神宗時（一〇六八以後）……私錢往往雜用不能禁，至是法弊，乃詔禁私錢。

徽宗崇寧二年（一一〇三）……大嚴私鑄之令。

〔南宋孝宗〕乾道九年（一一七三）大江之西及湖廣間多毀錢夾以沙泥重鑄，號沙尾錢，詔嚴禁之。

大概終宋之世，官鑄不絕，而私鑄亦不絕，雖嚴申法令，並無效力。

固然並非為了官幣缺少私幣便出來盡輔助的作用；但是從私幣底充斥一點上，可以反映官幣底缺少。官幣何以缺少？在幣價高貴的時候，所謂盜鑄器物（銅製為日用什物，鐵製為農具）成為一大問題；但幣價低賤，即幣質低劣的時候，盜鑄並不值得了。比了盜鑄更重要的原因，一是藏匿，二是漏出。

關於藏匿的事實，在食貨志上也可以找得到，如宋徽宗時，有人這樣說：

鐵錢重滯，難以齎遠，民間皆願復用銅錢（指陝西境內。）當公私匱乏之時，諸路州縣官私銅錢，積貯萬數。

此外每年存貯於內庫的，也在不可知之數。波格達諾夫說。（註二）

交換社會底實際貨幣量，一般地說，是決不會少於市場中「貨幣底需要」的。恰好相反，除了市場上流通的貨幣以外，還有剩餘。例如蓄財或預備金，靜悄悄地休息於所有者底荷包裏或金庫中，遇到要購買物品或支付債務，需要多量貨幣時，他便出現於市場上。

在較好的鑄幣與較劣的並存的時候，適於儲藏者當然是較好的一種。官幣比私幣終稍勝一籌，其因藏匿而缺乏的，當然占很多的數量。

至於漏出境外，有南蕃，西北，契丹，海舶等各方面。再引食貨志錢幣條云：

〔太祖初〕禁銅錢闌出江南，塞外，及南蕃諸國。

〔太宗太平興國時〕西北邊內屬，……乃詔吏民「闌出銅錢，百已上論罪。」

〔仁宗時〕契丹亦鑄鐵錢，易並邊銅錢。

〔神宗時張方平言〕「……自熙寧七年（一〇七四）……削除錢禁，以此邊關重車而出，海船飽載而回。聞沿邊州軍錢出外界但每貫收稅錢而已。錢本中國寶貨，今乃與四夷共用……」

哲宗嗣位，又申錢幣闌出之禁。

〔南宋〕……舶商往來，錢寶所由以泄。是以自臨安出門下江海皆有禁。

〔理宗〕優平元年（一二三四）以膽銅所鑄之錢不耐久，舊錢之精緻者泄於海舶，申嚴下海之禁。

淳祐四年（一二四四）右諫議大夫劉晉之言「巨家停積猶可以發洩；銅器鉟銷，猶可以上遏；惟一入海舟，往而不返。」於是復申嚴泄漏之禁。

從端平元年云云，更可知泄於海外者，大都是好一等的錢幣。

遼金元三朝底統治者雖起於北方游牧種族，但踏進了中原，也加入了交換經濟，所以貨幣底需要也很旺盛。遼朝鑄幣很多，而從南朝流入的也很多。如續通考錢幣考一：

> 晉輸歲幣於遼，并獻沿邊所積錢以備軍實，……則大得中國之錢以資用可知。

又前舉契丹鑄鐵錢易銅錢一條，亦可互相參證。又遼朝貨幣有一特點，即官家儲積較少。遼史六十食貨志下云：

> 遼之方盛，貨泉流衍，國用以殷。……此無他，舊儲新鑄，並聽民用故也。

金朝鑄幣，始終未成。最大的原因，就是銅少。由宋輸入的卻也很多。如通考錢幣考二云：

> 范成大攬轡錄載：「虜本無錢，惟煬王亮嘗一鑄正隆錢，絕不多，餘悉用中國舊錢。……」

元朝更不鑄錢。金元兩朝貨幣制度上應運而生的便是紙幣底使用。

紙幣底起源還須遠溯於北宋。紙幣制度正是宋元貨幣經濟上又一大特點。今把宋金元三朝紙幣，列表如下。

兩宋金元紙幣表(註三)

紙幣名	發行者	用地	使用時限	所權物	兌換方式	發行額	準備額	規定價格及其變動	興廢紀要
交子(後稱錢引)	初係四川富民。後歸北宋政府	四川境、後改錢引後行全國、除閩、浙、湖廣	三年一界	鐵錢	兌現,後不能兌	初定一二五、六三四〇緡。紹聖元年改一四〇、六三四〇緡、大觀元年前二五〇〇、〇〇〇〇緡以上。	三六〇〇〇〇緡。大觀後不蓄本錢	初定每交一緡、後跌至四分之一、再跌至十分之一。後每交祇值十數文。	眞宗時始由富民發行。仁宗時改歸官發行。神宗時始有兩界同時發行。徽宗時始行錢引。
交子	北宋政府	今山西境							神宗時行卽罷
交子	同右	陝西							同右 徽宗時又行
見錢關子	南宋政府造付婺州	今浙江金華	每一次	銅錢	兌現或換茶鹽等貸券。		有	兌現時值祇票額三分之一。	高宗紹興元年起行
淮西湖廣關子	南宋政府	淮西湖廣	三年一界	銅錢	兌現	一六〇、〇〇〇緡	有	自十千至百千凡五等	高宗紹興二十九年起行
淮東公據	同右	淮東	二年一界	同	同	四〇〇、〇〇〇緡	有	同右	同右

會子	南宋政府	兩浙、兩淮、湖北、京西	三年一界、後常展期	同	納稅、或由國家換收他物	每界一〇〇、〇〇〇〇貫、寧宗後增至三〇〇〇、〇〇〇〇貫	初以貨券百萬貫作抵、後以度牒官誥等收換	初每道一貫後分五〇〇文二〇〇文三〇〇文三種。增額後價格大跌	高宗紹興三十年起行。
川引	同右	四川	定三年一界、但實際行新引後不收回舊引	鐵錢	同右	高宗紹興七年三七八〇、〇〇〇〇緡(三界通行)寧宗嘉泰末五三〇〇、〇〇〇〇緡(兩界通行)	鐵錢七〇萬貫、另以鹽酒等作抵	定制每引一緡、後跌至十分之四、十分之二、又漲至二分之一。但每引值關外銅錢一七〇文	卽北宋四川錢引之舊
淮交	同右	兩淮	不定界	銅錢	同右	初行二〇、〇〇〇〇貫、後時時增加	初以貨物作抵、但不足額	每引一貫、五百、三百、二百。	孝宗乾道元年以會子一部分改造
湖會	同右	湖廣	同右	銅錢	同右				孝宗隆興元年辦法同右、後成常例鑄造。
交鈔	金政府	金境內	初定七年一界、後不定界。	同右	初兌現、後不兌現		初極充足、後無所準備	大鈔一貫至五貫五等。小鈔一百至七百五等。歷界後價格漸跌。	金海陵貞元二年始行。

貞祐寶券	同右	同右		同右				分二〇〇〇貫至一貫四種後跌價至百分之一以下。	金宣宗貞祐二年造初名交鈔、明年改寶券
貞祐通寶	同右	同右		同右				一貫合寶券千貫、又合銀一兩	金興定元年造
興定寶泉	同右	同右		同右				一貫合寶券千貫又合銀半兩兩年後跌至三百分一	金興定五年造
中統交鈔	元政府	全國	祇造一年	絲				每交合絲一兩銀五分	元世祖中統元年造
中統元寶鈔	同右	同右	每年造	絲銀	不兌現	每年至少三萬錠至多二十八萬錠		分十文至二千文九種每千文合交鈔一兩又合白銀半兩	同右起造
至元鈔	同右	同右	同右	絲銀金	同右	每年至少二十六萬錠至多五千萬錠		每貫合中統鈔五貫銀五兩金五分十八年後跌至五分之二	元世祖至元二十四年起造
至大銀鈔	同右	同右	祇造一年	絲銀金		一四五萬錠		自二兩至二釐十三等每兩合至元鈔五貫銀一兩金一錢	元武宗至大二年造

最初的紙幣是四川底交子。如何發生已不可得而詳。據宋史一八一食貨志下三會子條云：

眞宗時，張詠鎭蜀，患蜀人鐵錢重，不便貿易，設質劑之法。

質劑就是抵銷推劃的意思，那麽起初也許由於契據底變化。

自從交子轉換到國家手裏後，三朝便一貫地由政府發行紙幣。國家因爲採礦不易，樂得取此輕便之道。許多不同種類的紙幣，有的可以兌現。有的不能兌現。每一種紙幣初行的時候，總有相當的準備。但是國家爲了國庫底利益，發行額愈多愈好。歷次濫發的情形，我們看了表內發行額無限制的加增就可以知道。

濫發紙幣底結果，使現金或藏匿或漏出，而紙幣停留。紙幣總額超過了流通底需要，便必然地發生了幣價底低落，和物價底騰貴。最受其累的就是當時一般手工業勞動者和農民，因爲他們已經加入了交換經濟的關係，生活受了極重大的影響。這種事實，我們只消看三朝底食貨志及通考續通考錢幣考，就可以找到許多資料。那時劣錢，（元朝不用錢）交相侵削，造成了生靈塗炭的慘況然而社會上受了紙幣流通底無窮盡的害處之後，並沒有趨向於廢除貨幣，這樣便要有補救的辦法。元朝底末葉，重鑄金屬貨幣底提議，(註四)便適應了這個需要。順帝至正十年（一三五〇）鑄至正通寶錢和歷代銅錢並用，使中統鈔一貫或至元鈔二貫之價都等於錢幣一千文。但當時名為相權，其實徒有虛名，結果非但沒有成效，反而引起了大騷擾。

另外一個發展底方向，就是用貴金屬——銀。金朝末年，銀兩底使用已見端倪；元亡以後，明朝便大行銀兩了。

(註一)大部分據宋史食貨志錢幣條，其有據通考者另行標明。

(註二)施譯經濟科學大綱一一四——一一五頁。

(註三)據宋遼金元四史食貨志錢幣會子或鈔法各條。

(註四)元史九十七食貨志鈔法條。

第八章　農業及土地

在手工業商業發展底狀態下，我們必須轉換一個方向，看看那時的農業。在我們所研究的一個時代裏手工業商業發展，是社會經濟上底主要傾向，所以我們底研究也先從事於手工業商業方面，然後再及於農業。

中國從春秋戰國迄乎隋唐以後，經過了這麼一個很長的時間，農業技術，應該具有長足的進步。可是在交換經濟非常的發展中，最落後的便是農業。農業不能進步底情形，在第一章第二節末了，我們已經說過了一些；此刻我們再舉一些例子，以見其一斑。宋史一七三食貨志上一農田條云：

（宋太宗）淳化五年（九九四）宋亳數州，牛疫，死者過半。官借錢令江淮市牛，未至。屬時雨霑足，帝慮其耕稼失時。太子中允武允成獻「踏犁」，運以人力，即分命秘書丞直史館陳堯叟等，卽其州依式製造給民。

由此可見當時耕稼方法是用牛挽犁，而人力踏犁尙屬新奇。但漢書食貨志有云：

〔漢武帝末年〕（前八七）趙過爲搜粟都尉。過能爲代田，田一畝三甽，歲代處，故曰代田，古法也。……其耕耘下種田器，皆有便巧。……用耦犁（漢書趙過傳作耦耕）二牛三人。……過使教田太常三輔，大農置工巧奴與從事爲作田器。……。民或苦少牛無以趨澤。（通考注趨讀曰趣，及也。澤謂雨之潤澤。）故平都令光教過以人輓犁。過奏光以爲丞，教民相與傭輓犁。

那時底用犁耕，用牛力；牛少則失時，使農耕者恐慌，於是有人獻議改用人力使犁，乃用政府底力量去推行。這情形和一千零八十年後的宋朝，簡直沒有甚麼兩樣，農業底沒有進步，於此可見。

由政府底功令，企圖改良農事者，在宋史食貨志農田條裏有如下諸例：

〔太祖〕申明周顯德三年（九五六）之令，課民種樹……。

太宗太平興國中（九八〇左右）兩京諸路許民共推練土地之宜，明樹藝之法者一人，縣補爲農師，令相視田畝肥瘠及五種所宜，……其後以煩擾罷。

〔太宗時〕言者謂江北之民雜植諸穀，江南專種秔稻。雖土風各有所宜，至於參植以防水旱，亦古之制。於是詔江南兩浙荊湖嶺南福建諸州長吏勸民益種諸穀。民乏粟麥豆種者，於淮北州郡給之。江北諸州亦令就水廣種秔稻，並免其租。

〔眞宗〕大中祥符四年（一〇一一）帝以江淮兩浙，稍旱卽水田不登。遣使就福建取占城稻三萬斛，分給三路爲種。擇民田高仰者蒔之，蓋旱稻也。稻比中國者穗長而無芒，粒差小，不擇地而生。

遼史史文簡略。金元兩朝亦能酌見數處。

〔金章宗時〕……武陟高翌上區種法，且請驗人丁地土多少定數令種。……承安元年（一一九六）四月，初行區種法；……竟不能行。（金史五十食貨志區田條）（註一）

農桑之術以備旱暵爲先。……地高水不能上者，命造水車。貧不能造者，具材木給之。俟秋成之後，驗使水之家俾均輸其直。田無水者鑿井，井深不能得水者，聽種區田。其有水田者不必區種。仍以區田之法，散諸農民。（元史九十三食貨志農桑條）

近水之家，又許鑿池養魚，并鵝鴨之數，及種蒔蓮藕雞頭菱芡蒲葦等以助衣食。（同上）

每年十月由州縣正官一員巡視境內，有蟲蝗遺子之地，多方設法除之。（同上）

〔元世祖至元〕十年十一月，詔毋禁畿內秋耕。——大司農言，中書移文，以畿內秋稼始收，請禁民覆耕，恐妨芻牧。帝以農事有益，詔勿禁。至二十八年又弛畿內秋耕之禁。（續通考卷一田賦考。）（註二）

然而這些改良大都無裨事實的。第一，所有詔禁，未必實行。第二，徒知責成民間如何，至於大規模地興修水利，必須國家舉辦的，卻又未見如何提倡。（註三）第三，農民在嚴重的剝削之下，這樣的改良農事，敵不過他們所受的痛苦。所以一般地說來，農業歸是衰頹的。

農業底衰頹，可表示於農民底不絕的流亡中。流亡的事件，可謂史不絕書，茲就宋元間各世紀各舉例如下。

〔宋太宗〕淳化四年（九九三）……乃詔諸知州通判具如何均平賦稅，招輯流亡。……（宋食貨志農田）

至道二年（九九六）……陳靖上言：……凡民之流徙，始由貧因，或避私債，或逃公稅。（同上）

〔仁宗〕帝聞天下廢田甚多，民罕土著，或棄田流徙爲閒民。天聖初（一〇二三）詔民流積十年者，……至是（皇祐一〇四九——一〇五三）每下赦令，輒以招輯流亡募人耕墾爲言。（同上）

建炎元年（一一二七）五月，高宗卽位，命有司詔誘農民歸業者振貸之。……五年，廣州州學教授林勳……謂……今農貧而多失職，兵驕而不可用，是以飢民竄卒類爲盜賊。（同上）

〔孝宗〕隆興元年（一一六三），又詔「貧乏下戶，或因賦稅，或因饑饉逃亡……」（同上）

〔理宗〕淳祐六年（一二四六）殿中侍御史謝方叔言：「豪強兼併之患，至今日而極。……小民百畝之田，頻年差充保役，官吏誅求百端，不得已則獻其產於巨室，以規免役。……」（同上）

（元成宗）大德（一二九七——一三〇七）之治，幾於至元。然旱暵霖雨之災迭見，饑毀荐臻，民之流移失業者亦已多矣。（元食貨志農桑）

農民流亡底原因大率一，不堪富人底壓迫；二不堪租稅底負擔；三戰爭；四，飢饉。農業的技術，又不足以使他們抵禦這些天災人禍。於是他們不得不拋棄田地，淪爲游民了。

國內田土底增加，對於農業技術底發展，沒有甚麼關係的。因爲墾田增加，大部分是豪強所占有的。一時或者能够安插一些農民，結果並不能促進生產力底發展，反而增進了農民惡化底程度，使農業更大規模地向衰頽的途上去。今錄北宋全國墾田底統計如下：

年份	墾田數（以頃爲單位）
開寶末（九七五）	二九五、三三二〇·六〇
至道二年（九九六）	三一二、五二五一·二五
天禧五年（一〇二一）	五二四、七五八四·〇〇

皇祐中（一〇五一左右）	二二八、〇〇〇〇·〇〇強
治平中（一〇六六左右）	四四〇、〇〇〇〇·〇〇強
元豐五年（一〇八二）	四六一、六五五六·〇〇

這裏祇能表示那時大致的傾向是增加的。數目字是不可憑信的。通考卷四田賦考：

　　敍治平錄者（指治平田數）以爲此特計其賦租以知頃畝之數，而賦租所不加者，十居其七。率而計之，則天下墾田無慮三千餘萬頃矣。（註四）

依此則實際墾田數並沒有增加。但是卽使果眞增加，祇表示了國家租賦底進益，並不足以表示農業底發展。

　　整個的情形如此。至於各地方間，農業情形，當然又各各不同。有的地方好些，有的地方壞些。這種差異，其原因既非起於技術程度底不同；其結果也不能促進生產力底發展，因爲無論那裏的農民，都處在嚴重的剝削之下，這是各地相同的。

各地方間底差異，根本由於地理環境所賦予的自然條件底不同，使在同時間裏各地方底生產量上發生差異罷了。如果計及各地方底總生產量，那麼這種差異所發生的影響當然還是很小的。

在宋元時代裏，何地底農業較爲發達？何地則否？我們可以約略知道。我們無法知道各地底田畝數以資比較，但可以把各地底人口數加以觀察，因爲那時底人口調查和農業租賦具有密切的關係。以前我們在都市底研究裏固然不能憑藉人口統計，此刻在農業土地底研究裏，倒比較地可能了。現在根據宋元兩史地理志，把每路或每行省中底州郡人口數滿二十萬的，併錄下面兩個表內。

宋代人口繁庶地方表

路別	府州軍名稱	轄縣數	人口數
京畿	開封府	一六	四四、二九四〇
京東	應天府	六	一五、七四〇四

京西	河南府	一六	二三、三二八〇
	襄陽府	六	一九、二六〇五
河北	大名府	一二	五六、八九七六
河東	太原府	一〇	一二四、一七六八
陝西	京兆府	一三	五三、七二八八
	耀州	六	三四、七五三五
	鳳翔府	一〇	三二、二三七八
	同州	六	二三、三九六五
	河中府	七	二二、七〇三〇
兩浙	平江府	六	四四、八三一二
	紹興府	八	三六、七三九〇
	湖州	六	三六、一六九八
	台州	五	三五、一九五五
	臨安府	七	二九、六六一五

浙	衢州	五	二八、八八五八
	婺州	七	二六、一六七八
	處州	六	二六、〇五三六
	常州	四	二四、六九〇九
	嘉興府	四	二二、八六七六
	慶元府	六	二二、〇〇一七
荆湖	潭州	一二	九六、二八五三
	永州	三	二四、三三二二
	澧州	四	二三、六九二一
	江陵府	八	二二、三二八四
	寶慶府	二	二一、八一六〇
	衡州	五	二〇、八二五三
淮	安慶府	六	三四、一八六六
	壽春府	四	二四、六三八一

江南	楚州	四	二〇、七二〇二
	吉州	八	九五、七二五六
	贛州	一〇	七〇、二一二七
	隆興府	八	五三、二四四六
	寧國府	六	四七、〇七四九
	撫州	五	三七、三六五二
	饒州	六	三三、六八四五
	信州	六	三三、四〇九七
	袁州	四	三二、四三五三
	池州	六	二〇、六九三二
	瑞州	三	二〇、四五六四
	臨江府	三	二〇、二六五六
	江寧府	五	二〇、〇二七六
福	福州	一二	約四二、〇〇〇〇

行省別	路府州軍名稱	轄縣數	人口數
建	泉州	七	約四〇、〇〇〇〇
	建寧府	七	約三九、〇〇〇〇
	南劍州	五	約二三、〇〇〇〇
	漳州	四	約二〇、〇〇〇〇
川峽	成都府	九	五八、九九三〇
	漢州	四	五二、七二五二
	潼川府	一〇	四四、七五六五
	崇慶府	四	二七、三〇五〇
	綿州	五	二三、〇四〇九
	嘉定府	五	二一、〇四七二
廣南	廣州	八	約二二、〇〇〇〇

元代人口繁庶地方表

行省別	路府州軍名稱	轄縣數	人口數
腹裏	大都路	二二	四〇、一三五〇

裏	晉寧路	五二	二七、〇一二一
	眞定路	三〇	二四、〇六七〇
	益都路	二一	二一、二五〇二
遼陽	大寧路	一六	四四、八一九三
河南江北	揚州路	一一	一四七、一一九〇
	中興路	七	五九、九二二四
	淮安路	一二	五四、七三七七
	蘄州路	五	二四、九三二一
	廬州路	一一	二二、九四五七
江	吉安路	九	二二二、〇四一五
	龍興路	八	一四八、五七四四
	撫州路	五	一〇九、二二七五
	廣州路	七	一〇二、一二九六
	袁州路	四	九九、二八一五

區域	路		
四	臨江路	三	七九、一七四〇
	瑞州路	四	七二、二三〇二
	建昌路	三	五五、三三三八
	江州路	五	五〇、三八五二
	南康路	三	四七、八三九〇
	潮州路	三	四四、五五五〇
	南安路	三	三〇、三六六六
	贛州路	八	二八、五一四八
湖	靜江路	一〇	一三五、二六七八
	澧州路	五	一一一、一五四三
	天臨路	一二	一〇八、一〇一〇
	常德路	四	一〇二、六〇四二
	岳州路	四	七八、七七四三
	武昌路	七	六一、七一一八

廣	興國路	三	四〇、七六一六
	武岡路	三	二五、六八六三
	全州路	二	二四、〇五一九
	衡州路	三	二〇、七五一三
江	饒州路	六	四〇三、六五七〇
	福州路	一一	三八七、五一二七
	平江路	六	二四三、三七〇〇
	嘉興路	三	二二四、五七四二
	杭州路	九	一八三、四七一〇
	寧國路	六	一一六、二六九〇
	婺州路	七	一〇七、七五四〇
	集慶路	五	一〇七、二六九〇
	常州路	四	一〇二、〇〇一一
	台州路	五	一〇〇、三八三三

徽州路	六	八二、四三〇四
信州路	五	六六、二二五〇
鎮江路	三	六二、三六四四
衢州路	五	五四、三六六〇
紹興路	八	五二、一五八八
慶元路	六	五一、一一一三
建寧路	七	五〇、六九二六
建德路	六	五〇、四二六四
溫州路	四	四九、七八四八
處州路	七	四九、三六九二
泉州路	七	四五、五五四五
太平路	三	四四、六三七一
池州路	六	三六、六五六七
興化路	三	三五、二五三四

浙	廣德路	二	三三、九七八〇
	江陰州	一	三〇、〇一七七
	邵武路	四	二四、八七六一
	汀州路	六	二三、八一二七
	松江府	二	一六、三九三一
陝西	鞏昌府	五	三六、九二七二
	奉元路	二六	二七、一三九九
四川	成都路	二二	二一、五八八八

由這些表裏看來，宋元間中國底人口密集於揚子江中下流底南岸一帶，及錢塘江，贛江，閩江沿流等處。宋史地理志裏關於各路總的說明裏，另有關於農業者若干條，再錄於下，以資參證。

江南路——文物頗盛，而茗荈冶鑄金帛秔稻之利，歲給縣官用度，蓋半天下之入焉。

（附荊湖路）——南路與袁吉（卽江南路地）接壤者，其民往往遷徙自占深耕穊種，率致富饒。

福建路——土地迫陿，生籍繁夥，雖磽确之地，耕耨殆盡，畝直寖貴。

川峽四路——地狹而腴，無寸土之曠，歲三四收。

至於宋元兩朝間底比較，似乎元朝人口繁庶的程度遠過於宋朝；然而宋朝底人口統計，很難憑信。通考卷十一戶口考馬端臨按語云：

按以史傳考之，則古今戶口之盛無如宋崇寧大觀之間。然觀當時諸人所言（註五），則版籍殊欠覈實，所記似難憑。

但是這種不實的情形，對於我們作同時間底比較是不發生甚麼影響的。

把宋元間農業社會狀態和其以前相比較，則其最大的特點，就是土地私有制度底鞏固。我們只要看一看當時的土地政策就可知道。因為土地政策，決定於當時統治者底意識，而統治者底意識，又脫不了社會所給與的影響。

在第一章第二三兩節裏我們曾說及自王莽底王田，至於唐初底租庸調，都有回復到封建土地制度的傾向，但愈到後世，則愈不能不承認私有財產，私有土地底存在。

然而回復封建土地制度底企圖這樣不絕地發生，同時又正在表示土地私有制度常常在那裏動搖。

宋元以後卻不然了。土地兼併所給與國家租稅上底不利，便是賦稅不均（因爲一向按戶收租，實際已經買賣兼併後，收租還是按戶）這一點宋朝所感受的困難，和以前還是一樣。救濟的方法，一種是再把全國底土地均平一下，使各戶有同量的田，這是前朝所做過的，而宋朝卻沒有這樣的勇氣。如本章關於墾田數所引，謂無稅之田占十分之七，宋朝也不想有甚麼根本的裁制。大概那時土地轉換迅速，大家明知均田是無效徒勞的事。

但是國家爲其租稅底利益，取甚麼辦法呢？一種是限田的方法。如宋食貨志農田：

> 〔仁宗時〕（十一世紀前半）上書者言賦役未均田制未立因詔限田，公卿以下，毋過三十頃。

這種限田的辦法，要從強者嘴裏吐出土地來，這那裏會有成效呢？於是另有一種較進步的辦法，就是王安石所推行的方田法。宋史一七四食貨志上二方田條云：

神宗患田賦不均，熙寧五年（一〇七二），重修定方田法。詔……以東西南北各千步當四十一頃六十六畝一百六十步爲一方。歲以九月，縣委令佐分地計量，隨陂原平澤而定其地，因赤淤黑壚而辨其色。方量畢，以地及色參定肥瘠而分五等以定稅則。至明年三月畢，揭以示民，一季無訟，卽書戶帖，連莊帳付之，以爲地符。……凡田方之角，立土爲峯，植其野之所宜木以封表之，有方帳，有莊帳，有甲帖，有戶帖。其分煙析產典賣割移，官給契，縣置簿，皆以今所方之田爲正。

方田制度，就是在確認土地私有制度之下而使之納適量的賦稅。（主要的是分析地土底等級，但當施行的時候，當然還要澈究各塊土地底所有者。）在這種改良政策之下，承認「分煙析產典賣割移」而且還「官給契，縣置簿，」則是土地底買賣兼併，至此反得了一層法律上的保障。因爲如是之後，對於國家底租稅有利而無損的。這種辦法和以前的裁抑兼併當然大不相同了。

和方田制相類的，卽南宋底「經界。」宋食貨志農田：

（高宗紹興）十二年（一一四二）左司員外郎李椿年言：經界不正十害。且言平江歲入昔十七萬有奇；今按籍雖三十萬斛，然實入纔二十萬耳。詢之士人，皆欺隱也。望考按覈實，自平江始，然後施之天下，則經界正而仁政行矣。……

〔光宗〕紹熙元年（一一九〇）朱熹知漳州，乃奏言經界最爲民間莫大之利。紹興已推行處，公私兩利，獨泉漳汀未行。

無論方田制經界法已否推行，或推行到如何程度，土地私有制在那時人底意識裏，已被認爲無可非難的了。

土地底買賣，在法律上非惟絕不禁止，非惟得有保障，而且政府底官田，有時自己也要出賣。如續通考卷七：

〔宋徽宗〕政和元年（一一一一）時，朝廷以用度艱窘，命官鬻賣官田。

北方游牧種族統治中原後，對於土地私有制度也加以承認。如金史四十七食貨志：

民田業各從其便，賣質於人無禁。

在土地私有制度之下，土地主權底轉變是非常迅速的。地主占有的田畝，可以無限制地增加起來。如上面所舉例，宋仁宗限田：「公卿以下毋過三十頃，」可見那時過三十頃的很多，而且公卿以上過了此數，更不受任何限制，所以「強宗巨室阡陌相望。」（宋食貨志農田條高宗紹興六年）

北方游牧貴族，在私有土地的關係裏，所占的土地更廣大了。如金史四七食貨志二：

〔金世宗大定〕二十一年（一一八一）三月，陳言者言「豪強之家多占奪田者。」上曰：「前參政納合椿年占地八百頃，又聞山西田亦多爲權要所占，有一家一口至三十頃者……」省臣又奏，椿年……等親屬計七十餘家，所占地三千餘頃。

游牧貴族占了廣大的土地，有的還依照他們生活底習慣用之於游牧的。如續通考一云：

〔元至元時〕東平布衣趙天麟上太平金鏡策略曰：「今王公大人之家或占民田，近於千頃，不耕不稼，謂之草場，專放孳畜。……」

大地主底成分，或係大官吏宗室，或係大商人，或係本擁有大土地的地主。兼幷土地的方法，或由強占，或由賞賜，或由於行使債權，種種不同。

土地買賣的價格，隨地土而異。所謂資本社會裏底差額地租，在宋時已很顯著。如前面所引宋史地理志：「福建路土地迫陿生籍繁夥，……畝直寖貴。」可惜關於這種材料，我們不能多多搜集。

地主在農業企業中因交換發達，助長其封建式的榨取，所以剝削的程度很高。有的專營地主的機能，把土地放佃。（佃戶須納租若干，便有稽考。漢書食貨志有云，或耕豪民之田，見稅十五，千年以後，恐也斷不能少於此數。）有的地主兼營資本家的機能，採用雇工制度，收容失業的農民。

雇工制度，在戰國時代卽已有了。韓非子外儲：「夫賣庸而播耕者，」卽是例子。宋朝王安石新法中有免役法，卽改差役爲雇役，後來輾轉變遷，他法都生問題，獨雇役法推行下去。其所以能够推行，恐怕也是受了社會上雇工發達底影響。

地主佃農雇農之外，尚有自耕農。宋元間自耕農所占的田畝，比了地主不如遠甚。如前面所舉例，北宋漏稅的田佔有十分之七，此十分之七，當然非豪強大地主，不能安穩坐享，況且剩下的十分之三，也還有豪強底土地。

自耕農底利益，漸漸納入於重利盤剝者底荷包裏去，以致不絕地破產，如前舉農民流亡底諸事實就可以推知。（重利盤剝底情形，在商業章裏已經論及了。利率，至少須超過年利二分。又宋史陳舜俞傳謂，民間借貸底利率，有春天借米一石，秋天就還兩石的。）

關於地主與商業資本家交相侵削的農業社會裏農民底艱窘莫名的生活，我們再可引司馬光底議論，爲之總結：

稼一不登，則富者操奇贏之資，取倍稱之息；偶或小稔，責償愈急。稅調未畢，資儲罄然。穀未離場，帛未下機，已非己有。所食者糠籺而不足，所衣者綈褐而不完，直以世服田畝。不知舍此尚有可生之路耳。（宋食貨志農田條）

最後我們還要說及那時的國有土地底性質。國有土地底義意，究竟是否和私有土地相對立的？國有土地中一部分是官田，在全國土地中所占很廣。例如通考四所載宋元豐間之正中書戶房公事畢仲衍投進中書備對內，所列當時四京十八路田土頃畝數，官田私田均並列，全國總數則如下：

民田	四五五、三一六三頃六一畝
官田	六、三三九三頃〇〇畝
總計	四六一、六五五六頃六一畝

官田以外的國有土地，則爲礦山，鹽場，茶場等。這些土地底所以歸爲國有，大抵是根據了秦漢以來的傳統政策所謂「山澤之利」不能放任爲私有財產的。但是，我們須得注意國有並不就是社會公有。國家有了這些土地，不過自居於地主或商業資本家的地位，其使用私有制度下的榨取方式，實質上和民有並無兩樣。官田是放佃收租的。茶場，政府行使地主底機能，放租與民間，或者如資本家一樣，雇工製造。鹽場和礦山亦然。

（註一）區田解釋，載徐光啓農政全書，續通考卷一所引，可參看。

（註二）元史食貨志農桑條謂：「秋耕之利，掩陽氣於地中，蝗蝻遺種，皆爲日所曝死，次年所種，必盛於常禾也。」

（註三）參考通考卷六，續通考卷三，田賦考水利田門。

（註四）那時的田稅，用唐中葉後兩稅辦法，按戶計租，故因租額而得推測田數，不入租額的田畝，便無從考知。

（註五）並見通考卷十一戶口考。

第九章　租稅

國家租稅底徵取，和社會經濟關係有密切的聯繫。譬如封建社會裏，租稅是田租口賦和力役；等到交換一發展，租稅便以商品爲要宗；再到近世典型的資本主義國家裏，租稅又轉了趨向，注意徵取土地房屋及所得稅等。

宋遼金元四朝租稅的情形怎樣，我們可以做一個簡單的敍述。

最普通的就是從封建制度遺傳下來的田租口賦和力役；不過，那時交換已經很發達，直接榨取農民的是地主，國家在口賦力役上還保留直接的形式，田賦則取之於地主。（自耕農當繳納租稅的時候，已具有地主的資格。）地主在田賦制度裏，不過是一種橋樑性質，國家所收取的，並不根據於他所有土地底價格，而根據了他底土地上所有農產品底數量。徵收的東西，也是所收穫的實物，即使用貨幣，也只是農作物底代價。所以，一般地說來，這部份租稅，還保持封建的形態。

宋遼金元底租賦，大部分是沿用了唐中葉後的兩稅制度。兩稅制度是救濟租庸調流弊而起的。租庸調制裏，每戶有同樣的田畝，所以按戶收取同樣的租賦；後來事實上兼併盛行，以致有的戶裏有稅無田，有的戶裏有田無稅，於是唐德宗建中元年（七八〇）楊炎便創作兩稅法，每年夏秋輸稅共兩次，稅額把各戶實際貧富做標準，廢除向來按戶同額的辦法。兩稅制還有一特點，卽把田租口賦力役併在一起征收，不再別立名目。

宋元間四朝歲賦辦法，約舉如下：

〔宋〕

（歲賦名目）	（歲賦物類）
一　公田之賦（官田，佃戶所出）	一　穀（粟，稻，麥，黍，穄，菽，雜子。）——以石爲單位。 二　帛（羅，綾，絹，紗，絁，紬，雜折，絲線，綿，布，葛。）

二　民田之賦（私田，地主自耕農所出）

三　城郭之賦（宅稅，地稅，地主所出）

四　丁口之賦（男子滿二十歲者所出）

五　雜變之賦（地丁稅以外附加的財產捐）

——以匹爲單位（絲線與綿以兩爲單位。）

三　金鐵（金，銀，鐵鑞，銅鐵錢）——金，銀，以兩爲單位。錢以緡爲單位。

四　物產（六畜，齒革翎毛，茶鹽，竹木，蔴草，芻菜，果藥油紙薪炭，漆蠟，雜物）——薪草等以圍爲單位，餘各用其沿用的單位。

（徵收時期）

- 夏稅
  - 起五月
  - 訖七月或八月
- 秋稅
  - 起九月或十月

（徵收方法）

- 正常的方法——在本地方官廳納規定的物品
- 非常的方法
  - 支移——移此輸彼，移近輸遠，以有餘補不足。
  - 折變——所輸物不合官家之用，改輸相當價值的

（訖十二月或正月　　官家需要物品。（註一）

〔遼〕
- 沿邊屯田——力耕公田，不輸賦稅。
- 在官閑田、私　田——計畝出粟。

〔金〕
- 一般農民
  - 官地輸租——大率分田之等爲九而差次之。
  - 私田輸稅
    - 夏稅（六月到八月）——畝取三合。
    - 秋稅（十月到十二月）
      - 畝取五升。
      - 又納秸一束重十五斤。
- 猛安謀克部（游牧軍事貴族）女直戶——每耒（牛三頭）爲一具歲輸粟不過一石。
  （限民口二十五受田四頃四畝有奇。）

〔元〕

		丁稅（丁）	丁稅（驅丁卽奴隸）	地稅
內地之制	全科戶	粟三石	粟一石	每畝粟三升
	減半科戶	粟一石		
	協濟戶	粟一石		每畝粟三升
	新收交參戶	第一年五斗，第二年起減數至第六年入丁稅。		

江南之制
- 夏稅（木綿布絹絲綿）——私田地主自耕農納。
- 秋稅（糧一石或鈔三貫至一貫七百）——官田佃戶納。

由這些材料裏所表示的或詳或略。貨幣在租稅裏（租稅底一部分）也盡了相當的作用，大體而論，則還是物品爲主，封建遺跡由此表示得很濃厚。最與封建方式相近的，便是遼朝底屯田制度，但還是最小的一部分。

最可注意的，唐朝底兩稅已把田租口賦力役統通包括在內，而宋朝有丁稅，有雜變之賦，元朝也有丁稅。關於力役的一部分，另舉如下：

〔宋役法〕

（役名及職司）

衙前——主官物

里正、戶長、鄉書、手課——督賦稅

耆長、弓手、壯丁——逐捕盜賊

（辦法及其遷變）

一　宋初（九六〇）定制，各以鄉戶等第（丁口多寡，資產厚薄。）定差。

二　王安石變法，（一〇七〇左右）改差役爲雇役令。鄉戶各按等第輸免役錢。本來無役之戶，亦輸免役錢。

三　司馬光執政，（一〇八六）恢復差役；因行之不便，仍改招募，

四　南宋紹興（一一三一起）以後，行推割推排法。（推割卽典賣田產時，連帶轉去賦役義務。推排則每三年由官家考查各戶財產，有

承符
人力
手力
散從
——供官驅使

縣曹司至押錄，州曹司至押錄孔目官，下至雜職虞候揀掐等。

無變更。）（註二）

五　孝宗乾道五年（一一六九）起，盛行義役法。（地方上人自己辦理差役事務，役戶由人輪充，公衆共出錢穀助之。）

〔遼役法〕

（役名）

驛遞馬車旗鼓
鄉正

（辦法及其遷變）

〔一〕初行差役，被役者至於破產不能給

廳隷 ——

倉司 ——」〔二〕後改「使民出錢，官自募役。」（註三）

〔金役法〕

役名	職司	辦法
坊正	在都市中接比戶口催督賦役、勸課農桑。	雇募——錢數爲該地課役戶所出物力錢之十分之三。——查察物力辦法、用通檢推排法。（註四）
里正	在鄉村中職司同右	
主首壯丁	佐里正督察非違佐里正巡警盜賊	簽差——先及富人富力相等之家則以丁多爲標準。其役非一家能任、而又不能分任者以次戶爲之協助。

猛安謀克戶五十家以上置「寨使」一人、掌同里正。

〔元役法〕（註四）（註九）

戶別		元管戶
絲銀全科戶	全科係官戶	係官絲一斤六兩四錢 包銀四兩
	全科係官並五戶絲戶	係官絲一斤 五戶絲六兩四錢 包銀四兩
減半科戶		係官絲八兩 五戶絲三兩二錢 包銀二兩
止納絲戶	止納係官絲戶	上都隆興等路係官絲每戶一斤 大都以南等路每戶一斤六兩四錢
	止納係官五戶絲戶	係官絲一斤 五戶絲六兩四錢
止納鈔戶		

交參戶	係官絲一斤六兩四錢　包銀四兩	
漏籍戶	係官絲一斤六兩四錢	初年一兩五錢以後每年增五錢至四兩爲止
協濟戶	係官絲十兩二錢　包銀四兩	

此外「攤絲戶、」每戶科攤絲四斤。「儲也速解兒所管納絲戶」每戶科細絲四斤。「復業戶、」「漸成丁戶、」第一年免科、第二年減半、第三年與舊戶同。

統觀役法底趨勢，起初實在執役後來改爲有役時納稅爲代，最後則轉變成必納的租稅。

所以，概括地說來，宋元間賦稅比了唐以前加重了許多。加重底原因，就是國家財政支出底增大。通常國家底支出，最大的是兵餉和官俸，還有帝室貴族底揮霍費用。

由經濟紐帶底擴大，使中國自第七世紀以後，漸漸趨向於中央集權。宋朝建國後，即努力於此種企圖，最被注意的就是把兵權集在中央，行召募制度，減少其地方黏着性。於是問題就在軍餉底如何措置。恰巧宋朝時候又是外患迭乘之秋，軍隊數量又必需增加。據宋史兵志：

太祖開寶（九六八——九七五）	三七、八〇〇〇人
太宗至道（九九五——九九七）	六六、六〇〇〇人
眞宗天禧（一〇一七——一〇二一）	九一、二〇〇〇人
仁宗天曆（一〇四一——一〇四八）	一二五、九〇〇〇人
英宗治平（一〇六四——一〇六七）	一一六、二〇〇〇人

軍隊底無限制的增加，相伴的就是國用底無限制的增大。

有了這些軍隊，實際上又不能禦侮，外交底結果失敗，又要納歲幣，又增加了國家底負擔。

（註六）

此外大宗支出者，有：

一、宗室吏員冗祿——最多時費二千四百萬緡（哲宗元祐時。）

二、郊祀（祭天時的賞賜）——最多時費一千二百萬緡（仁宗時。）

所以當王安石變法之前，國課增加情形如下：（註七）

至道末（九九七）		二二二四、五八〇〇緡
天禧末（一〇二一）		一、五〇八五、〇一〇〇
是年歲出		一、二六七七、五二〇〇
皇祐元（一〇四九）		一、二六二五、一九六四
治平二（一〇六五）		一、一六一三、八四〇五
是年歲出	經常	一、二〇三四、三一七四
	臨時	一一五二、一二七八

治平二年收支相抵，不足一五七二六〇四七緡。

這些材料使我們知道，自從宋開國以後，用途日有增加，收入也必須日有增加。但是這時的收入，不能單憑租賦，在租賦上卽使竭力增加稅額，擴充墾田，亦不能藉以挹注，於是必須另闢道路。許多道路中間，官賣日用商品便成爲極重要的事業。

財政底恐慌，不但北宋如是，南宋版圖狹小，支用仍很浩繁。北方游牧貴族入主中原，其奢侈程度又日益增高。所以官賣商品，宋遼金元都極注意：

朝代別	官賣品
宋	鹽、茶、酒、麴、礬，南宋時又加香。
遼	鹽，酒，餘不詳
金	酒、麴、茶、醋、香、礬、丹、錫、鐵、鹽。
元	鹽、茶、酒、麴、醋。

鹽是日用品中間最居重要的。漢武帝起即官賣鹽，直接賣與吃鹽的人。唐朝所行官賣法，則由官家籍定了民戶製鹽，賣給大商人，使大商人去零賣。宋朝沿用唐法，鹽有三種：

海鹽（製者稱亭戶或竈戶）
解鹽（製者稱畦夫）——官賣與大商人，聽其零販。
井鹽——大者曰鹽；小者曰井——聽憑人民製造販賣，但須納歲課。

海鹽是指沿海各地所出；解鹽指山西解州安邑兩鹽池所出，井鹽則出自四川。

商人販鹽，有時用「入中錢帛」或「入邊芻粟」的方法。商人把錢帛送到京師，或把芻粟納入邊郡後，可以憑「鹽鈔」到產鹽地方去取鹽。

宋徽宗蔡京爲相時（十二世紀初葉）改變鹽鈔辦法。把鹽鈔改在京師發賣，商人買了鹽鈔，憑鈔到產鹽地方取鹽，這樣就把一筆聚斂起來了。南宋亦沿用此法。

遼官賣鹽辦法不詳。金史食貨志稱：「榷貨之目有十，……而鹽爲稱首，」官賣辦法，與南宋同，但行鹽各有界域。元朝仍用此法，稱鹽鈔曰引，每四百斤爲一引，行鹽也各有規定區域，即是後來鹽引制底起源。有的地方交通不便，商人不肯前往，則由官設鹽鋪。兵有所謂「食鹽地方」，則驗戶口多少輸納課鈔，與「行鹽地方」相對。

鹽稅在國庫中占有重要位置。唐朝定鹽法後，大曆末年（七七九）鹽稅六百萬緡，天下之賦，鹽利居半。增加鹽稅底方法便是增加鹽價。北宋初用唐舊制，大約每斗一百餘文，至南宋初年，每斗合價三百餘文。

茶稅起於唐朝，次於鹽稅。唐德宗時（第八世紀末）初徵茶稅，不過課栽茶的人。文宗時（第九世紀中葉）改變茶法，禁民栽製，把所有茶樹移植官場，官自焙製，賣與商人，和鹽法相若。宋時，植茶處叫做「山場」，采茶民叫做「園戶」，園戶歲納若干的茶作爲租稅外其餘一概由官收買。在以下六處設立榷貨務：

江陵　眞州　海州（今江蘇東海）　漢陽軍（今湖北漢陽）

無爲軍（今安徽無爲）　蘄州底蘄口（今湖北蘄春）

官收下來的茶，或送到榷貨務，或就本場發賣，賣與商人。茶也可以「入中」或「入邊」。後來辦法屢有變更，到蔡京改鹽法時，茶稅也用一致的辦法，把茶鈔稱做「茶引」。過了三年又更變了，令商人就京師或所在州縣納資領取長短引（長引可到遠處販賣，短引則祇能在產茶地方零賣）憑引再赴產茶地向園戶買茶。

南宋辦法與北宋最後辦法相同。金朝用茶，一部分取之宋人歲供，一部分向南宋榷場買得，但後來亦自倡種茶。元朝茶也用「引」制，長引一百二十斤，短引九十斤。後來除長引，專用短引。賣零茶的則給以茶由，每由自三斤至三十斤，分爲十等。於產茶地方設立提舉司七處，於江州設立榷茶都轉運司。

酒稅也起於唐德宗時。宋時定制，州城內皆官置「務」自釀；其縣鎮鄉閭，或則許民釀，而定其歲課。南宋以後，財政竭蹶，酒稅亦須作正項用度，於是歲課責解頗嚴，後來索性攤在衆人頭上，變成賦稅了。又「麴」在宋時亦歸官賣，北宋祇限四京。南宋有「隔槽」之法，官設釀酒場，使人民就場釀酒，幷納稅錢（每米一斛，納錢三千），頗能幫助國用。後來釀不足額的也要繳足原額。

遼朝酒也歸官賣，我們可以在金史食貨志裏知道：

金榷酤因遼宋舊制。

但如何辦法則不可考了。金官賣酒麴醋。醋稅底起源，由於國用不足。金史食貨志：

醋稅自大定初（一一六一）以國用不足，設官榷之以助經用。二十三年……遂罷之。章宗明昌五年（一一九四）……遂令設官榷之……後罷。……承安三年（一一九八）三月，省臣以國用浩大，遂復榷之。

元朝酒麴和醋，也都歸官賣。

官賣礬起於五代。宋朝管理鬻礬的機關，亦謂之務，有「鑊戶」製造入官。香則南渡後纔歸官賣，其制不詳。金官賣香礬等，亦沒有詳細記載。

一切官賣物都是日用要品。唯其如此，纔可以使國家得到巨大的稅額，一般的趨向是起於唐中葉以後，而在宋元時代擴大而且成爲鞏固的制度。這顯然由交換底發達和普徧，促起了這個可能性，同時統一國家，需要聚斂，需要巨大的稅額。

這種租稅都是間接稅，商人負擔了重稅，一定要轉嫁於消費者。最受其累的，便是一班農民和手工業者，因爲他們負擔的能力很小，而又必需和經濟能力強的人負同樣的租稅。——他們對於大部分日用品底需要，不能少於經濟能力強的人。

南宋還有幾種雜稅，約舉如下：

總制錢——兩浙，江南，荆湖，福建，兩廣諸路所增加的酒價，賣糟典賣田宅稅，牙契稅底總稱。（北宋徽宗時已有經制錢，卽印契鬻糟等七種稅收底總稱。）

月椿錢——軍隊要求漕臣每月供給餉錢十萬緡，而漕臣卻攤派於各州縣。

板帳錢——輸米穀錢帛所附加的雜費，以及刑法上的罰款，充公的財產等等底總稱。南宋地域最小而場面猶是，財政上最沒有辦法，所以處處表露窘相。

最後還要說及商稅。我們在商業章裏已提及了，此時祇補充一些關於商稅底稅額。宋分住稅過稅兩種，住稅取千分之三十，過稅取千分之二十。金朝金銀取百分之一，其餘諸物取百分之三。元制取三十分之一，而因鈔價跌落，所以天曆之際（一三二八——一三二九）比了至元七年（一二七〇），不啻增加百倍。

市舶方面則宋定稅則，海船載貨來時，先十分稅一，而香藥寶貨歸官賣。元朝定法，船貨取十分之一，粗者則取十五分之一。

附帶我們還要一說宋元底倉制。倉制是國家所引社會政策的一種事業。一個國家爲了政治效率起見，必須有一些社會事業的設備，而這種設備，當然又影響到財政。譬如凶年饑荒，最易促起社會底衰頹和騷亂，國家爲預籌安全起見，要準備一些糧食，這樣便形成了倉制。

一、常平倉——作用在平穀價。其辦法是當豐年穀賤的時候，國家稍擡高一些價格，大批收貯；等到凶年穀貴的時候，國家抑低一些價格，容許民間糴取。一出一入之間，國家也可以獲得利息，作爲常平倉底本錢。此種倉制起於漢代，唐朝則遍設全國諸道。宋朝亦遍設全國，每州每府均設立一處。金則更進一步，添設縣倉，凡離州治遠的縣城，另置一倉。元制則置於路府。

二、義倉——作用在放賑。其法始於隋而大成於唐，也遍設全國，宋制，義倉亦以州府爲單位，每遇水旱則發倉穀賑恤。元則元史九十六食貨志常平義倉條云：

> 立義倉鄉社，社置一倉，以社長主之，豐年每親丁納粟五斗，驅丁二斗。無粟聽納雜色。歉年就給社民。……然行之既久，名存而實廢。

三、惠民倉——作用類常平倉。不過常平倉經濟獨立，而惠民倉則以雜配錢折粟貯之，歲歉則平價糶出，猶之現在辦平米或平價飯店等，其本錢純由補助而得。此制始於後周，宋代大行推廣，遍設諸州。

四、廣惠倉——作用在作經常的慈善事業，祇宋代行之。其法募民耕種「沒入」「戶絕」諸田，收其租，以備贍養州縣「郭內」老幼貧疾之人。此制推行不廣。

此外又有社倉，則因國家辦理倉制不善而引起的民間事業。原來常平義倉，範圍均甚狹小，前者未能盡調劑之功效，後者尤不敷應用；且主持者多爲權貴，弊竇滋多。於是地方百姓自辦社倉，每鄉滿數十戶者，卽立一倉，作用在乎救荒。始行於南宋孝宗淳熙時（一一七四——一一八九）但事實上辦理也不得法，效益甚微。

和倉制有連帶關係的，爲「和糴」及「和買」，宋朝行之最甚。這兩件可總稱曰市糴，卽官買的意思。作用在救濟邊郡。關於米穀者曰和糴，用國帑收買豐收地方底米穀，改輸交通不便之地。關於布帛者曰和買，法如和糴。這本是宋朝社會政策底一種，但後來發生強買，抑價，不給價等，弊竇很多。到南宋時，又變爲賦稅，稱曰折帛錢。

另有和倉制相像的是官醫藥事業。元朝有惠民藥局，其制載元史九十六食貨志惠民藥局條：

元立惠民藥局，官給鈔本，月營子錢，以備藥物，仍擇良醫主之，以療貧民。……成宗大德三年（一二九九）於各路置焉。凡局皆以各路正官提調。所設良醫，上路二名，下路府州各一名，其所給鈔本，亦驗民戶多寡以爲等差。

（註一）支移折變弊竇很多。支移如不願，須出脚錢；後來卽使不支移也要納脚錢。折變則往往折了又折，增大了原稅額許多。譬如西川初時絹每疋值三百文，草每圍值二文，於是輸絹一匹的，改輸草一百五十圍。後來又把草估作每圍一百五十分，叫輸草的人改輸錢，便要輸二十二千五百文了。

（註二）推割推排，後來成了經手人賄賂底機會。納賂多的人家，他就去報告說是資產少，因此物力錢可以減輕。

（註三）據遼史馬人望傳。

（註四）本表轉錄白話本國史第三篇下九五頁。

（註五）元役法稱科差，全由捐稅替代服役。稅分絲銀兩種，以戶等定多少。戶分元管戶，交參戶等，每戶類中又分絲銀戶減半戶等。五戶絲係附加性質，供給諸王后妃公主功臣的，但亦由地方官徵收。

（註六）北宋付歲幣額如下：

眞宗景德元年（一〇〇四）起，歲納遼銀十萬兩，絹二十萬匹。

仁宗慶歷三年（一〇四三）起，歲增納遼銀十萬兩，絹十萬匹，

仁宗慶歷四年（一〇四四）起，歲賜西夏銀絹茶綵共二十五萬五千。

（註七）參考通考國用考歷代國用門，或宋史一七九食貨志下一會計條。